Lars Höllerer
ROLL.ON
Das war's dann wohl mit Frauenheld!

Über den Autor

Lars Höllerer wurde am 27.09.1969 in Überlingen am Bodensee geboren. Im Mai 1991 hatte er einen schweren Motorradunfall und ist seither vom Hals abwärts gelähmt. Seine Bilder malt er mit dem Mund.

Von März 1997 bis Anfang 2003 besuchte er die freie Kunstakademie in Mühlhofen bzw. in Überlingen. Anfang September 1999 wurde er als Stipendiat bei der Vereinigung der mund- und fußmalenden Künstler aus aller Welt (VDMFK) aufgenommen. Seit März 2005 ist Höllerer dort assoziiertes Mitglied (seit März 2007 Vollmitglied) und freischaffender Künstler.

Seine Bilder wurden von der VDMFK für Postkarten, Kalender, Geschenkpapier etc. in den verschiedensten Ländern reproduziert. Es erschienen zudem zwei illustrierte Kinderbücher („Der freche Engel Karl" und „Kurti und der Geburtstag") sowie ein Ausmalbuch für Kinder. Er kann auf zahlreiche Ausstellungen im In- und Ausland zurückblicken.

Höllerer besucht regelmäßig Kindergärten, um Kindern die Mundmalerei zu zeigen und ihnen gleichzeitig dadurch den normalen Umgang mit behinderten Menschen zu vereinfachen.

Lars Höllerer

ROLL.ON
DAS WAR'S DANN WOHL MIT FRAUENHELD!

Mit mundgemalten Illustrationen des Autors

Bibliografische Information der Deutschen Nationalbibliothek:
Die Deutsche Nationalbibliothek verzeichnet diese Publikation in der Deutschen Nationalbibliografie; detaillierte bibliografische Daten sind im Internet über http://dnb.dnb.de abrufbar.

© 2019 Lars Höllerer
www.kunst-mit-dem-mund.de

Lektorat: Alexandra Link
Illustrationen: Lars Höllerer
Umschlaggestaltung: Hannes Knab
Satz: Jens Wenzel

Herstellung und Verlag: BoD – Books on Demand, Norderstedt

ISBN: 978-3-7431-9029-0

*Ich widme dieses Buch meinem Vater,
meiner Familie, den Menschen an
meiner Seite und dem Leben!*

Inhaltsverzeichnis

Vorwort..................7
1. Lucky Luke..................9
2. Rehaklinik – Der Anfang..................13
3. Neue Füße..................17
4. Bunte Farbtropfen..................21
5. Der Zeckenbiss..................24
6. Der etwas andere Zimmerkollege..................26
7. Die alte Dorfwirtschaft..................32
8. In der alten neuen Heimat..................38
9. Petersilie in der Dose..................42
10. Das etwas andere Parfüm..................48
11. Prilblümchen..................52
12. Im Kindergarten..................59
13. Klaus und die Polizei..................70
14. Ich war nie ein guter Fahrer..................78
15. Karl, der Vegetarier..................87
16. Der Sprengstoff..................94
17. Kalter Kuss..................108
18. Der Flitzer..................112
19. Storcki und das Stadttor..................121
20. Storcki und der Blitzschlag..................126
21. Fischer Hannes..................129
22. Allein im Auto..................140
23. Die Rülpsbiene..................148
24. Die Liebe kam zurück..................156
25. Wollschal und Bikini..................166
26. Was wäre, wenn...?..................177
27. Lucky Luke springt..................185

Vorwort

Es gab da mal so ein Buch, das handelte von einem Mann, der auf seinem Motorrad verunglückte und nach seinem Unfall vom Hals an abwärts gelähmt war. Und obwohl seine charmante Pflegerin sich in ihn verliebte, entschloss er sich am Ede des Romans, aus dem Leben zu scheiden.

„Ich verstehe das ...", dachte ich damals, als ich das Buch zu Ende gelesen hatte, „ich hätte wahrscheinlich auch nicht die Kraft, nach so einem Schicksalsschlag einfach weiterzumachen."

Und doch ... ich erinnere mich sehr genau an mein Gefühl, als ich diesen Roman, der sich millionenfach verkauft hatte, in mein Bücherregal zurückstellte. Ich war unzufrieden und hätte mir einen anderen Schluss gewünscht. Eine Geschichte über einen Menschen, der eine Möglichkeit findet, sein Leben zu leben, und nicht nur das: Ich stellte mir meinen Romanhelden als einen Menschen vor, der noch mehr schafft, als weiterzuleben. Einen Menschen, dem es gelingt, etwas Besonderes aus diesem neuen, schwierigen und schmerzvollen Leben zu machen. Beinahe hätte ich mich hingesetzt und angefangen zu schreiben. Doch manchmal schreibt das Leben selbst die besten Geschichten und hält sie mir vor die Nase.

Ich durfte Lars kennenlernen. Lars ist vor vielen Jahren ebenfalls verunglückt, auf dieselbe tragische Weise wie mein Romanheld, aber er hat genau das geschafft, was ich mir zuvor beim Lesen gewünscht hatte. Lars baute sich ein neues Leben auf. Ein lebenswertes, heiteres Leben. Eine Variante von „So kann es auch funktionieren!"

Jetzt hat er über diesen, seinen eigenen Weg geschrieben. Ich habe also ein zweites Mal von einem Mann gelesen, der durch einen tragischen Unfall vom Hals an abwärts gelähmt war, aber diese Geschichte ist wirklich passiert, und ich habe gestaunt. Wie nie zuvor in meinem Leben. Kapitel für Kapitel habe ich mit Lars die erste Zeit nach seinem Unfall erlebt. Ich habe gelacht, geweint und wieder gelacht.

Lars schafft es tatsächlich, den Leser zum Lachen zu bringen: Durch seine ganz eigene Art, mit Menschen umzugehen und die Dinge zu bewerten, die um ihn herum geschehen, mit seiner Liebe zum Leben, seinem Humor und vor allem mit seiner Dankbarkeit.

Seine Erlebnisse mit den Menschen, von denen er tagtäglich abhängig ist und mit denen er zusammenleben muss, lesen sich wie ein heiterer Lebensbericht: mal schräg, mal nachdenklich, immer leicht.

Beim Lesen seines Buches habe ich gelernt, seine Welt zu verstehen. Eine Welt, die klein und überschaubar geworden ist, und aus der er Schritt für Schritt wieder eine große gemacht hat: Lars ist heute ein anerkannter Künstler. Er malt mit dem Mund Bilder, mit denen er nicht nur seinen Lebensunterhalt verdient. Seine Bilder werden auf internationalen Ausstellungen präsentiert, und Lars reist mit ihnen um die Welt.

Ich wünsche ihm, dass sein Buch die Leser ebenso begeistern wird wie mich. Lars ist wie Lucky Luke, der dem Sonnenuntergang entgegenreitet. Nur, dass er das Pferd mit dem Rollstuhl getauscht hat.

Alexandra Link
Lektorin

1. Lucky Luke

Nicht gerade gut gelaufen ...

Vielleicht wäre das schon ein guter Buchtitel gewesen. Der Titel für mein Buch, für meine Geschichte. Sie beginnt an einem schönen Tag, in einem schönen Leben.

Der 25. Mai 1991 war mehr als ein schöner Tag, er war perfekt! Ich wollte gerade aus dem Haus gehen, als meine Mutter hinter mir herrief: „Wo willst du denn nun schon wieder hin? Die Pfannkuchen sind so gut wie fertig!"

Nach Pfannkuchen stand mir heute nicht der Sinn. Sonst immer, aber nicht heute. „Ich bin gleich wieder da, nur eine kleine Spritztour!", rief ich ihr über die Schulter zu, bevor ich weg war.

Es war ein Tag für Helden. Die Sonne schien, die Luft war warm und ein Held war ich schließlich. Na ja, ein Held zwischen mangelndem Selbstbewusstsein und Größenwahn. Ich überschätzte mich oft, war aber eigentlich ziemlich schüchtern.

An diesem Tag aber gab es nur das Jetzt! Ich startete mein Motorrad. Auf meiner üblichen Runde durch die Stadt traf ich ein paar Freunde und wir beschlossen, einen Aussichtspunkt am Bodensee, in der Nähe von Überlingen zu besuchen. Mamas Pfannkuchen waren Geschichte ...

Wir kamen gut gelaunt in Markdorf an und bestiegen den hölzernen Aussichtsturm, von dem man über das ganze Hinterland und Teile des Bodensees blicken konnte.

„Alles geil heute", dachte ich, "die Sicht, das Wetter und meine Maschine!" Mein Blick wanderte von der Landschaft zu meinem neuen Motorrad. Ich hatte drei Monate dafür geschuftet, oft zwei Schichten hintereinander. „Was haltet ihr von einem Abstecher zum Gasthof Gehrenberg?", fragte ich die anderen und beantwortete mir die Frage gleich selbst: „Tolle Idee, oder?"

Ich setzte mich auf mein Motorrad und fühlte mich sofort wieder frei. Was waren schon Pfannkuchen gegen dieses unbeschreibliche Gefühl der Grenzenlosigkeit? Ich war Easy Rider, der Held der Straße. Ich war Lucky Luke, der einsam dem Sonnenuntergang entgegenritt. Ich war John Wayne. Nein, ich war John Wayne, Clint Eastwood und Bruce Willis in einer Person. Ich war unschlagbar, unbesiegbar. Ich war ein Held!

Wenige Sekunden später hatte mein Motorrad einen Totalschaden und ich war vom Hals abwärts gelähmt. John Wayne hatte es kurz und knackig vom Motorrad gehauen, Clint Eastwood und Bruce Willis ereilte das gleiche Schicksal. Da lag er nun, der Held, und um ihn herum wurde es dunkel.

Tage später wachte ich auf. Mit einem Metallgestell am Kopf, bewegungslos, sprachlos, an ein Atemgerät angeschlossen. In einem kalten sterilen Krankenhauszimmer und um mich herum ... lauter fremde Menschen in weißen Kitteln. Was war geschehen? Wo war ich bloß? Der Himmel konnte es nicht sein, da war ich mir sicher. Schon deshalb, weil ich mich einfach abscheulich fühlte. Schmerzen, Hilflosigkeit und Melancholie wechselten sich in gnadenloser Regelmäßigkeit ab. Gerade hatte ich doch noch auf meinem Motorrad gesessen. Wo war das Ding überhaupt? Die brennendste Frage aber war, warum ich meine Arme und Beine weder bewegen noch spüren konnte.

Die Antwort darauf gab mir Tage später einer der Ärzte: „Sie hatten einen schweren Motorradunfall. Ein Schlag gegen einen Baum hat Ihnen den vierten und fünften Halswirbel gebrochen. Wir mussten sie mit Metallstäben stabilisieren. Sie werden im Rollstuhl sitzen und Ihr Leben lang auf Hilfe angewiesen sein."

„BOOOM!" So musste es sich anfühlen, wenn Lucky Luke sein Pferd unter dem Allerwertesten weggeschossen wurde. Lucky Luke, der dem Sonnenuntergang entgegenrollte. Was für eine abgefahrene Vorstellung! Das Einzige, was ich bis jetzt über Wirbelsäulen wusste, war, dass kleine Knöchelchen auf meinem Rücken herausstanden. Ich war in einem Albtraum gefangen. Ich verstand nichts mehr, konnte das alles nicht fassen.

Ich träumte jede Nacht, dass ich wieder laufen konnte; ein Traum, der unbarmherzig zerplatzte, sobald ich erwachte und aufstehen wollte. Plötzlich war alles weg. Alles, was ich liebte: Sport, Mädchen, Reisen, Tanzen. Nichts davon war mehr möglich. Stattdessen: Rollstuhl, Krankenzimmer und auf die Toilette geschoben werden. Letzteres wollte ich mir gar nicht genauer vorstellen. Mein Leben hatte mich von hundert auf null ausgebremst. Besser gesagt: Ich hatte mich selbst von hundert auf null gebremst, ich Arsch! Und null war ungefähr das Gleiche wie nett. Nett ist eine Umschreibung für null. Und behindert sein, das war noch weniger als null.

Ich hatte schon behinderte Menschen gesehen, sie aber nie wirklich beachtet. Schicksalsberichte im Fernsehen zappte ich weg. Das hatte nichts mit mir zu tun, und ich war mir sicher, dass mir so etwas nie passieren würde. Genau wie Katastrophen in Nachrichtensendungen. War das ignorant oder einfach nur naiv gewesen? Das Leben war schön und ich wollte es durch solche Dinge nicht unschön machen. Doch jetzt war plötzlich alles um mich herum unschön, wobei das vielleicht nicht das richtige Wort war. Es war einfach totaler Bullshit. Oder ein Witz? Es konnte nicht anders sein. Da hatte mich Gott doch glatt verwechselt. Ich war's doch - Lars. Lars, der Unbesiegbare. Lars, den die Frauen liebten. Oder wenigstens Lars, der dachte, dass ihn die Frauen liebten.

„Hallo, lieber Gott! Du hast da eindeutig etwas verwechselt! Das sollte bestimmt jemand anderen treffen, aber doch nicht mich. Kein Problem, ich nehm's nicht krumm, das kann jedem passieren. Jetzt aber bitte auf die Reset-Taste drücken. Hallo? Hallo, hörst du mich, lieber Gott?"

Gott antwortete mir nicht. Ich brach in Tränen aus. Ich war besiegt vom Schicksal. Besiegt durch einen Fehler von Gott. Und wenn nicht er selbst es gewesen war, dann mein Schutzengel. War er überfordert gewesen? Hatte er keine Lust mehr gehabt, mich vor mir selbst zu retten? Nein, tief in meinem Inneren kannte ich die Antwort und wusste, wer der Schuldige war. Wer für diese Situation die Verantwortung trug. Nämlich ich! Kein anderer als ich! In meinem Kopf herrschte totaler Wirrwarr. Ich lag nächtelang wach wegen der Fragen, die sich im Kreis drehten. Warum ist das passiert? Warum mir? Fragen ohne Antworten.

Virtueller Tagebucheintrag: Frage nach dem Warum checken.

2. Rehaklinik – Der Anfang

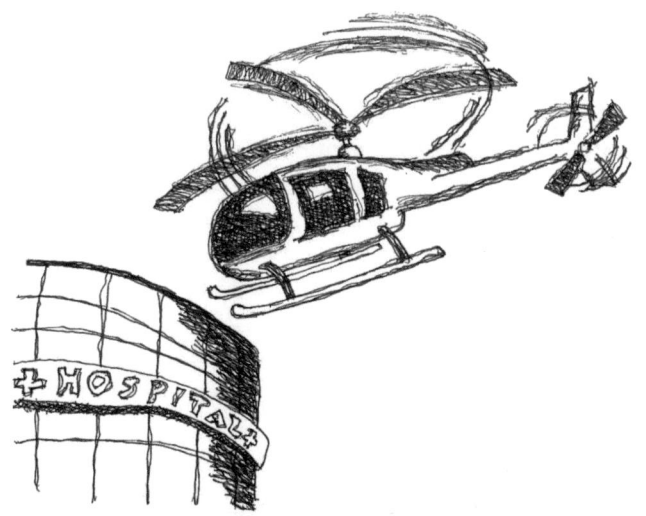

Zwei Wochen nach dem Unfall wurde ich von der Intensivstation verlegt. Die Rehaklinik Tübingen hatte nun die Ehre, den kaputten Lars wieder auf die Beine zu stellen. „Auf die Beine stellen", was für ein Witz ... Das Leben hatte mir ja gerade zugerufen: „Setzen! Sechs!". Und zwar lebenslänglich.

Ein letzter Blick auf die sterile, weiße Wand. Ich wurde aus dem Zimmer geschoben, vorbei an der Krankenschwester mit dem süßen Lächeln. Ich würde sie wohl nie wiedersehen. Köpfe über mir, die mich verabschiedeten. Hinaus aus der Station, über endlose Gänge. Deckenlampen blitzten auf. Verschwanden. Blitzten auf und verschwanden wieder. Ein Bild, das mir bis heute bleibt. Ein letzter Gang. Eine Türe, die sich öffnet. Dann dieser unbeschreibliche Moment. Wärme! Licht! Sie streichelten meine Haut. Sie berührten meine Seele. Die ersten Sonnenstrahlen, die ich seit Wochen sah und spürte.

Der Hubschrauber stand bereit für meinen Jungfernflug. Den hatte ich mir anders vorgestellt. Wie ein Maikäfer auf dem Rücken, so lag ich da. Nur zappeln konnte ich nicht. Mein Gesicht von einer Maske bedeckt, die mich beatmete. Luftanhalten zwecklos.

Dann hoben wir ab. Der Pilot, ein Notarzt und ich. Ein erhebendes Gefühl, bis auf die Luftlöcher, die meinen Mageninhalt nicht dort lassen wollten, wo er hingehörte. Ich hatte keine Chance, aus dem Fenster zu schauen. Keine Möglichkeit, das Leuchten der Sonne zu sehen, die Schönheit der Welt von oben zu bewundern. Ich hätte es nötig gehabt, denn die Welt in mir war in diesen Tagen das Gegenteil. Sie war dunkel, verletzt und extrem verunsichert. Ich hatte keine Ahnung, wie es weitergehen sollte. Ich wollte Antworten auf die vielen Fragen.

Der Hubschrauber landete. Die Begrüßung war freundlich. Das Pflegepersonal auch. Ich schaute mich um, sah Teile des Klinikgeländes. Hier sollte ich also die nächsten zehn Monate verbringen. Ich wurde auf der Trage zum Haupteingang geschoben. Eine Tür öffnete sich. Wieder lange Gänge. Wieder blitzten Deckenlampen auf. Verschwanden. Blitzten auf und verschwanden wieder. Am Ende der Fahrt erwartete mich ein weißes steriles Zimmer.

Nach zwei Wochen Intensivstation wurde ich auf Station West IV. verlegt. Diese Station war spezialisiert auf Querschnittslähmungen. Drei Tage später hatte ich Wasser in der Lunge. Und wurde wieder auf die Intensivstation verlegt. Das war der Zeitpunkt, an dem ich beschloss, meinem Leben ein Ende zu setzen. Alles war besser als das „Hier und Jetzt". Die Frage war nur: Wie? Wie sollte ich es am besten machen? Sollte ich mich erschießen? Ja, das war eine sichere Sache. Wenn ich schon nicht mehr, wie Lucky Luke, dem Sonnenuntergang entgegenreiten konnte - schneller schießen als sein Schatten könnte ich auf jeden Fall.

Bei näherer Betrachtung verwarf ich diese Möglichkeit jedoch. Ich erinnerte mich an eine Filmsequenz. Ein Mann schoss sich in den Kopf, überlebte und war danach ein bisschen „gaga". Keine berauschende Vorstellung. Außerdem: Wer sollte mir die Waffe halten? Ok, dann eben von der Brücke springen. Aber wie sollte ich über das Geländer kommen? Die gibt es ja noch nicht mit Rampe, zum Leidwesen querschnittsgelähmter Lebensmüder. Erhängen? Auch ganz schlecht ohne funktionierende Arme, die einem den Strick um den Hals legten. Tabletten schlucken? Dasselbe Problem.

Ich war verzweifelt. Nicht einmal umbringen konnte ich mich ohne Hilfe! Nicht einmal sterben durfte ich. Was war das für ein Leben! Ich hatte schon fast aufgegeben, als ich doch noch eine Möglichkeit sah, diesem Jammertal für immer zu entkommen: Ich würde mir einfach einen elektrischen Rollstuhl mieten. Damit wäre ich mobil. Und könnte in den Bodensee fahren. Das Gute liegt so nah! In Gedanken suchte ich nach einem passenden Ort. Ich kannte die Gegend ja wie meine Westentasche. Allerdings war es schwieriger als gedacht. Entweder war das Wasser an diesen Stellen zu flach oder Treppen, Blumenkästen und hohe Geländer standen im Weg. Schön anzusehen, jedoch unpraktisch, um aus dem Leben zu scheiden. Das sollte das Fremdenverkehrsbüro mal in seine hübschen Informationsbroschüren drucken: „Für rollstuhlfahrende Selbstmörder ist diese Gegend nicht geeignet." Es war wie verhext. Überall sah ich Treppen – vor dem Restaurant, vor Geschäften und am Ufer des Bodensees. Mal gingen sie nach oben, mal nach unten. Mal hielten sie mich vom Leben ab, mal vom Tod.

Kurz vor dem Aufgeben meiner Aufgabepläne fiel mir dann doch noch die perfekte Stelle ein: der Mantelhafen! Das war ein wunderschöner Ort mit Aussichtsplattform. Sozusagen mit Anlauframpe in den Tod. Ein idealer Platz zum Sterben. Ich weiß nicht mehr, wem ich von meinem Vorhaben erzählt hatte, die Antwort der Person war auf jeden Fall unbefriedigend für mich: „Lars, einen Teufel wirst du tun und dich umbringen. Und nur zur Info: Neben deinem idealen Ort residiert die Wasserschutzpolizei. Die werden dich gleich wieder rausfischen." Zwei Sätze, die mein Vorhaben in die Mülltonne beförderten.

„Ja, das werden sie sich wohl nicht nehmen lassen. Die Polizei, dein Freund und Helfer", erwiderte ich todtraurig und entmutigt. Langsam wurde es knapp mit meinen Selbstmordmöglichkeiten. Blieb nur noch der Teich auf dem Klinikgelände. Er war angeblich nicht sehr groß und zu allem Überfluss ziemlich flach. Die Gefahr, nur bis zu den Knien im Wasser zu sitzen und um Hilfe zu schreien, wäre relativ groß. Vom Peinlichkeitsfaktor ganz abgesehen. Ich war mit meinem Latein am Ende.

Virtueller Tagebucheintrag: Wie schlau ist es, die Energie, die ich fürs Weiterleben brauche, auf Selbstmordgedanken zu verwenden? Wrong direction?!

3. Neue Füße

Ich war endlich das erste Mal aus dem Bett gekommen – „aufgestanden" konnte ich ja schlecht sagen – und verbrachte immer mehr Zeit im Rollstuhl. Anfangs zehn Minuten. Dann eine halbe, an guten Tagen bis zu drei Stunden. Meistens auf zwei Rädern, nach hinten gekippt. Mein Kreislauf spielte „Verstecken im Keller". An Bluthochdruck würde ich sicher nicht sterben: 60/40 – 70/50 – 60/40. Damit ich nicht ohnmächtig wurde, wurde ich wie ein Motorrad, das einen „Hochstart" macht, durch die Stationen und den Krankenhauspark geschoben. Mutige Krankenschwestern versuchten immer wieder mal, mich auf vier Räder zu stellen. Ohne Erfolg. Nach wenigen Sekunden sah ich Sternchen, um schließlich völlig ins Paradies der Träume abzufliegen. Lucky Lukes Pferd galoppierte die ersten Wochen sozusagen auf den Hinterbeinen durch die Station. Um meinen Kreislauf zu stabilisieren, machten die Ärzte Krankengymnastik zu meinem täglichen Begleiter. Und schließlich landete ich bei 80/60. Das war immer noch nicht berauschend, aber es ging bergauf. Ich begann zu hoffen. Bald würde ich wieder laufen können. Und es allen zeigen, die nicht mehr daran glaubten!

Weitere Wochen vergingen.

„Lars, heute kommst du zum ersten Mal in den Elektrorollstuhl", kündigte mir mein Pfleger Andreas an, als er eines Morgens mit dem Frühstückstablett das Zimmer betrat. Elektrorollstuhl? Ich wollte doch laufen! Oder wenigstens einen Rollstuhl mit meinen eigenen Armen bewegen. Das wollte ich doch allen zeigen. Das waren doch meine Träume! Deshalb würde ich die Hoffnung auf ein „Fußgängerleben" oder wenigstens auf ein „Paraplegikerleben" nicht aufgeben. Paraplegiker beneidete ich in dieser Zeit fast noch mehr als Fußgänger. Sie konnten ihren Rollstuhl wenigstens mit ihren Händen antreiben. Locker spielten sie Tischtennis, Basketball, ja sogar Tennis in ihrem Rollstuhl. Ihnen wurde beigebracht, wie sie sich mit ihren Armen in ein Auto hieven und durch eine Spezialsteuerung dieses auch selber fahren konnten. Um ihre Selbstständigkeit beneidete ich sie heftig. Sie spielten in einer ganz anderen Liga als wir „Tetraplegiker". Wir waren hilflos. An Armen und Beinen gelähmt. „Paraplegiker" dagegen waren so etwas wie „Freizeitrollstuhlfahrer" für mich.

Pfleger Andreas riss mich aus meinen Gedanken. „Was ist jetzt, Lars? Komm, ich setz dich mal rein."

„Keine Chance", antwortete ich. Ich hatte Tränen in den Augen. Nie und nimmer würde ich mich dort hineinsetzen. Es wäre das Eingeständnis, dass ich weder an mich noch an meine Heilung glaubte.

„Lars, du willst doch nicht dein ganzes Leben wie ein Postpaket durch die Gegend geschoben werden?"

Er brachte es auf den Punkt. Wie ein Paket fühlte ich mich. Wie ein unfrankiertes Paket, das seinen blöden Empfänger suchte. Doch wie konnte ich den Empfänger finden, wenn ich nicht mal mehr den Absender kannte? Wer war ich denn? Und wo?

„Lieber ein Postpaket als die Hoffnung verlieren!", trotzte ich.

„Du wirst Hoffnung schöpfen und neue Dinge finden. Probier's aus!", sagte Andreas und steckte mir ein fettes Honigbrot in den Mund.

„Bestimmt nicht mit so einem monströsen, elektrischen Rollstuhl. Dann lieber auf einem Zirkuspferd reiten."

„Versuch es doch erstmal! Was kann denn schon passieren?", beharrte Andreas.

Es bedurfte mehrerer Anläufe, unzähliger Überredungsversuche und Sitzungen beim Psychologen. Schließlich stimmte ich zu.

„Der sieht doch fast wie ein Ferrari aus", munterte mich Andreas auf, als wir uns den besagten Rollstuhl ansahen.

Er meinte es zwar lieb, aber veräppeln konnte ich mich selbst. Und das viel besser. Das war weder ein Ferrari noch ein VW. Nicht einmal eine lahme Ente war das! Ein hundsgewöhnlicher Rollstuhl eben. Für mich eine Guillotine, ein Galgen, mein Schafott. Hier und jetzt würden also meine Träume, mein früheres Leben begraben werden. Das Eingeständnis, nicht einmal mehr einen Rollstuhl mit den Händen antreiben zu können, war besiegelt. In meinem Inneren gab es keinen John Wayne, Clint Eastwood und Bruce Willis mehr. Sie waren schon lange tot. Sollte jetzt noch der restliche Lars sterben? Nie mehr würde ich meine Arme bewegen können. Nie mehr wäre ich der Gesprächsstoff in Mädchenrunden. Lars, der Traummann. Aus und vorbei. Ich fühlte mich wie Charly Brown. Der ständige Verlierer. Wie Micky Maus ohne Mini Maus. Zum Singledasein verdammt. Ich wäre Willi, der ewige

Freund von Biene Maja. Nun würde ich wohl auch nur „bester Freund" der Frauen sein. Wenn überhaupt.

Zu allem Unglück fiel zu dieser Zeit auch Christopher Reeves vom Pferd, der Superman-Darsteller. Ein weiterer Totalschaden – vom Hals ab querschnittsgelähmt. Nicht einmal mehr auf Superman war Verlass. Auch er würde jetzt dem Sonnenuntergang entgegenrollen. Wir waren zwei gefallene Helden. Im wahrsten Sinne des Wortes.

Wider Erwarten genoss ich schon bald meine Selbstständigkeit. Die wiedergewonnene Freiheit durch den „Autowechsel" war enorm. Aus einem Typen, der die letzten drei Monate wie ein Einkaufswagen geschoben wurde, ist schließlich doch ein begeisterter Elektrorollstuhlfahrer geworden. Trotzdem war es ein tränenreicher Abschied vom Laufen und dann auch vom Schieberollstuhl.

Virtueller Tagebucheintrag: Ihr, meine Hoffnung und mein Anker auf ein normales Leben ... „goodbye!"

4. Bunte Farbtropfen

Das Pflegepersonal in der Reha-Klinik war total lieb – aber der Krankenhausalltag dafür stinklangweilig. Wenigstens vormittags war die Zeit mit Therapien vollgestopft. Danach gab es Mittagessen und nachmittags hatte ich noch eine Sitzung bei der Physiotherapie. Eine Stunde dort und eine Stunde Ergotherapie. Letztere sollte mir zeigen, was ich mit meinen verbliebenen körperlichen Fähigkeiten noch alles machen konnte. Nun ja! Mit mir hatten die Ergotherapeuten nicht viel Arbeit. Schachfiguren mit einem Mundstab hin- und herschieben war selbst für mich kein Problem und eine schnell erlernte Fähigkeit. Mit einem Mundstab auf der Computertastatur zu tippen, war auch keine übermäßige Herausforderung. Das machte zwar Spaß, das Ergotherapiezentrum war jedoch nach der Lernstunde leider geschlossen. Und auf der Station gab es keinen Computer für die Patienten. Irgendwie blöd, wenn man einen Stab im Mund hatte, der nirgends auf etwas Sinnvolles tippen konnte. Die Zeit bis zum Abendessen wurde lang. Und doppelt so lang die vom Abendessen bis zum Schlafengehen.

Hocherfreut war ich deshalb, als Karin, meine Ergotherapeutin, mir einen Vorschlag machte: „Was hältst du von einem Versuch, mal mit dem Mund zu malen?"

Super! Das hörte sich gut an. Wahrscheinlich hätte ich aber auch zu „Babystrampelanzüge klöppeln" super gesagt. Hauptsache Abwechslung. Früher hatte ich auch gemalt – allerdings meistens nur, um ohne große Kosten Weihnachtsgeschenke für die Verwandtschaft zu produzieren. Jetzt aber bekam ich die Chance, dem langweiligen Krankenhausaufenthalt für eine Weile zu entkommen.

Die Helfer stellten einen Tisch vor mir auf und installierten eine kleine Staffelei. Auf einem Holzbrett wurde ein Blatt Papier befestigt. Sie schoben mir einen langen Pinsel in den Mund. Wasser und Farben standen in Reichweite. Der Meister konnte sein Werk beginnen. Nach zehn Minuten war es fertig. Und ich auch. Künstlerisch und körperlich. Ein Haus mit Garten. Blumen auf der Wiese. Links oben im Himmel strahlte eine Sonne. Daneben drei Wolken. Resultat: Nun ja!

Wenig später kam die Ergotherapeutin. „Super, Lars! Vier Kühe an einer Futterstelle. Hey, und drei UFOs am Himmel. Du hast vielleicht Fantasien! Aber was ist das gelbe Viereck links oben am Himmel?", fragte Karin, die mir, bevor sie mein Bild kommentierte, noch sympathisch gewesen war ...

„Das ist die Sonne! Das sieht doch jeder", sagte ich und rief ihre Kollegin Martina, die aber auch nichts Sinnvolles in meiner Malerei erkennen konnte.

„Alles Kunstbanausen, diese Ergotherapeuten", dachte ich und gab mich geschlagen.

Trotz dieses nicht gerade erfolgreichen Startes in meine Künstlerkarriere hatte ich endlich etwas gefunden, mit dem ich mir den öden Krankenhausalltag verkürzen konnte. Fast täglich saß ich auf Station an der Staffelei und versaute armes weißes Papier. Reine Farbe musste sich mit nicht passender Farbe zu Farbtönen vereinigen, die sich am Schluss in einen unansehnlichen Braunton verwandelten. In der Anfangszeit kreierte ich Farbtöne, die es wahrscheinlich noch nie gegeben hat und nie mehr geben wird. Durch die ungewöhnliche Belastung der Kau- und Halsmuskulatur bekam ich Schmerzen an Stellen, an denen ich nie Muskeln vermutet hätte. Die Resultate waren spärlich und der Pinsel flog öfter mal – aus Frust oder aus Tollpatschigkeit – auf den Boden. Trotzdem hielt ich daran fest. Die Malerei brachte Farbe in mein Leben.

Virtueller Tagebucheintrag:
Zitat Joseph Beuys: „Kunst = Mensch = Kreativität = Freiheit"
Und Freiheit brauche ich. Wenn schon nicht im Körper, dann im Geiste.

5. Der Zeckenbiss

Schon bald bemerkte ich, dass nicht nur Superman und ich gefallene Helden waren. Im Krankenhaus wimmelte es nur so davon. Größtenteils waren es Männer. Meist war es ihr Machogehabe gewesen, das sie in den Rollstuhl gebracht hatte. Ich lernte, auf wie vielfältige Weisen man(n) sich in ein neues Leben schießen konnte: Tagtäglich rollte mir auf Station ein neues, interessantes Beispiel entgegen. Motorradunfälle waren auf Platz eins. Wenn wir eine Armee gewesen wären, wir wären wohl siegreich vom Schlachtfeld gerollt. Insofern war ich also echt nichts Besonderes.

Auto-, Bade- und Haushaltsunfälle wurden im Ranking der „Dumm-Gelaufen-Aktionen" gleich dahinter gelistet. Exoten auf der Station waren „Fallschirmsprung in einen Baum", „Salto auf dem Trampolin - Landung daneben" und das Highlight: „Zeckenbiss auf der Wirbelsäule". Was für ein elender Doppelschlag. Vom Hals abwärts querschnittsgelähmt und dann auch noch niedergestreckt von einer kleinen, namenlosen Zecke. Das Schicksal konnte manchmal unerbittlich sein. Doch was sollte ich sagen? „Zu dumm zum Motorradfahren" ist auch nicht gerade eine Geschichte, für die man am Stammtisch Applaus bekommt. „Das Schicksal ist immer unerbittlich", dachte ich und vergaß dabei die unzähligen wunderbaren, großartigen, einmaligen und zauberhaften Momente in meinem Leben.

Herbert, der „Zeckenbesitzer", war Bauer und um die achtzig Jahre alt. „Lars", sagte er, als er neben mir im Rollstuhl saß, „Lars, du bist noch jung. Du kannst dich noch an diese neue Situation gewöhnen. An ein neues Leben. An ein Leben im Rollstuhl. Ich aber bin alt. Das hätte nicht mehr sein müssen!"

Ich war mir nicht sicher, ob ich zuerst mich oder ihn bemitleiden sollte. Hatte er nicht den Vorteil, dass er knapp 80 Jahre laufen durfte und ich nur einundzwanzig? Rein rechnerisch stand es 1:0 für mich im Unglücksduell. Ich sagte aber nichts darauf und genoss den Sieg mit bitterem Beigeschmack.

Virtueller Tagebucheintrag: Ich höre ab sofort damit auf, mein Unglück gegen das anderer aufzuwiegen.

6. Der etwas andere Zimmerkollege

Der Neue und ich hatten zwei Dinge gemein: Wir waren gleich alt und hatten die gleiche Lähmungshöhe. Das war's. Er kam aus Zimmer 218. Ein Raum neben uns.

„Andreas hat Probleme mit seinen Zimmerkollegen", sagte Susi, die mit zwei großen Koffern in der Türe stand. Susi war Krankenschwester. Bildhübsch. Mit einer süßen, kleinen Zahnlücke.

„Wieso steckt ihr den zu uns?", fragte Ulrich überrascht. Ulrich war mein Bettnachbar. Er hatte schon einiges von Andreas gehört. Wie es schien, nicht das Beste. Sein Gesichtsausdruck sprach Bände.

„Alle Zimmer sind voll und bei euch ist noch ein Bett frei", antwortete Susi.

Ulrich wurde trotzig: „Da parkt schon mein Rollstuhl. Da ist kein Platz frei!"

Susi lächelte, fuhr Ulrichs Rollstuhl auf den Flur und schob das Bett von Andreas ins Zimmer.

„Immer bekommen wir die Problemfälle", motzte Ulrich.

„Tschüss, ihr Süßen!", sagte Susi daraufhin, drehte sich um und schloss die Tür.

„Was für ein Lächeln! Was für eine süße Zahnlücke", dachte ich.

Schon in der ersten Nacht bereute ich meine parteilose Haltung. Wie ein Mensch aus seinem Körper, seiner Nase solche Geräusche hervorbrachte, war mir einerseits Ärgernis, andererseits verlangte es mir einen gewissen Respekt ab. Während Ulrich und ich mit geröteten Augen und völlig übermüdet am Frühstückstisch saßen, rollte Andreas auf uns zu und brummte ein schlecht gelauntes: „N'morgen". Er selbst sah aus, wie das blühende Leben. Kein Wunder, er hatte ja auch gut geschlafen. Seinem Gesichtsausdruck war dies allerdings nicht anzusehen. Ulrich hatte recht. Andreas war nicht der Typ, den man als Freund haben wollte. Oft schlecht gelaunt, meistens grimmig, und immer auf Krawall gebürstet.

„Na, Andreas, gut geschlafen?", fragte Ulrich süffisant.

„Klar, ihr nicht? Seht heute irgendwie beschissen aus, ihr zwei."

Stille! Hätte Ulrich nicht fest im Rollstuhl gesessen, er wäre über den vollgedeckten Frühstückstisch gesprungen. Ich für meinen Teil wäre da vorsichtiger gewesen. Andreas war ein Hüne. Wenn er neben mir saß, überragte er mich um fast einen Kopf. Er musste gut zwei Meter groß gewesen sein. Keiner von der leichten Sorte. Wären wir beide Fußgänger gewesen, ich hätte mir zweimal überlegt, mit ihm einen Streit anzufangen. Doch in unserem Fall: Er im Rollstuhl. Ich im Rollstuhl. Beide ohne funktionierende Arme. Flügellahm. Ein klassisches Unentschieden.

Flügellahm. Diesen Ausdruck hatte mal ein Arzt verwendet. „Ach! Hallo, da ist ja wieder ein Flügellahmer", bemerkte er, nachdem er mir die Hand reichte und keine Reaktion darauf bekam. Wie Recht er doch hatte. So kam ich mir vor.

Wie ein Vogel, dessen Flügel gebrochen waren. Fliegen unmöglich. Andreas hatte bei Weitem größere und breitere Flügel als ich. Auf Station gab es nicht viel Spielraum, sich seiner schlechten Stimmung zu entziehen. Es blieb uns also nichts anderes übrig, als seine Launen mit stoischer Ruhe zu ertragen. Hatte jemand Ohrstöpsel? Die waren nötig im Zimmer 219. In der zweiten Wochenhälfte änderte sich Andreas Schnarchmethodik. Was die Sache nicht besser machte. Waren es anfangs noch tiefe Grunzlaute, folgten in den darauffolgenden Nächten trompetenartige Schnarcher mit längeren ruhigeren Phasen. War das besser? Nein! Es war die Wahl zwischen Pest und Cholera.

„Das macht er mit Absicht", rief Ulrich schlaftrunken. „Zuerst uns in ruhiger Sicherheit wiegen, um uns dann mit seinem Trompetenorchester den Todesstoß zu versetzen".

Einen Tag später lauschten Ulrich und ich den Klängen Georg Friedrich Händels: die Feuerwerksmusik. Gerade als die Trompeten und Hörner mit ganzer Wucht zur Ouvertüre einsetzten, wurde Andreas in das Zimmer gefahren. Es passte wie die Faust aufs Auge. Unser „Benjamin Blümchen der Nacht" tanzte seine Runden zu Händels Fanfarenklängen. Wir mussten lachen. Diesmal sogar auch Andreas.

Trotz alledem eskalierte die Situation in der darauffolgenden Nacht. Ulrichs Nerven lagen blank. Nach sechs Stunden „Nasenkonzert" war das absolut verständlich. Wild fluchend drückte Andreas, der von unserem Geschimpfe geweckt worden war, schließlich den Alarmknopf für die Nachtschwester. Susi erschien. Mit einem Lächeln schob sie Andreas mitsamt seinem Bett auf den Gang.

„Was für eine Ruhe!", sagte Ulrich.

„Was für ein Lächeln! Und diese Zahnlücke!", dachte ich.

Das Gewitter in der Nacht entspannte die Situation zunehmend. Andreas schlief seitdem im Gang. So bemerkten wir auch nicht, dass er eines Abends nicht auf der Station erschien.

Er hatte anscheinend einen Ausgangsschein vom Arzt erhalten. Dieser galt bis 22:00 Uhr. Danach wurden die Eingangstüren zum Krankenhaus geschlossen.

Am nächsten Morgen war Andreas immer noch nicht zurück. Als die Morgenschicht zu uns ins Zimmer kam, war das die Neuigkeit des Tages. Barbara und Ingrid, die Krankenschwestern, die heute für unser Zimmer zuständig waren, spekulierten wild, was aus unserem Andreas geworden war. Während Barbara auf „betrunken und fahruntüchtig" tippte, dachte Ingrid eher an leere Batterien im Rollstuhl.

„Der steht bestimmt an irgendeiner Straße und kommt nicht weiter."

„Er kann ja trampen!", sagte Ulrich trocken.

Andreas war genauso flügellahm wie ich. Ulrichs Bemerkung konnte man mit gutem Gewissen unter „Schwarzer Humor mit Tendenz zum Zynismus" abheften.

„Vielleicht hat ihn auch jemand entführt!", sagte Ingrid mit einem Augenzwinkern.

„Wenn alle entführt werden, aber Andreas bestimmt nicht!", meldete sich Ulrich aus der Dusche. Da hatte er wohl recht. Spätestens zehn Minuten nach der kriminellen Handlung würde der Entführer jedes Geld der Welt zahlen, um ihn wieder loszuwerden.

„Ist eigentlich schon jemand auf die Idee gekommen, die Polizei anzurufen?", fragte Barbara.

Diese Idee schien auf fruchtbaren Boden zu fallen. Ingrid griff zum Hörer und wählte die Nummer der Polizei.

„Ja, Unfallklinik Tübingen. Station West IV. Schwester Ingrid. Uns ist ein Patient abhandengekommen. Eigentlich sollte er gestern Abend um 22:00 Uhr wieder hier sein. Wir sind jetzt ein bisschen beunruhigt, da er im Rollstuhl sitzt und weder Arme noch Beine bewegen kann …"

„Mach mal auf Lautsprecher!", unterbrach Ulrich, der sich nun doch recht neugierig wieder von Barbara aus dem Bad hatte schieben lassen. Ingrid drückte auf den Lautsprecherknopf.

„Er sitzt in einem Rollstuhl?", fragte der Polizeibeamte am anderen Ende der Leitung nach.

„Ja, genau. In einem Elektrorollstuhl, der mit dem Mund gesteuert wird. Wieso fragen Sie?"

„Wie heißt die vermisste Person?", wollte der Beamte wissen, ohne auf die Frage einzugehen.

„Andreas Lebmayer. Zweiundzwanzig Jahre. Er ist relativ groß und stämmig. Hat mittellanges, braunes Haar und trägt eine Brille."

Stille in der Leitung.

„Hallo Herr Wachtmeister? Sind Sie noch da?"

„Den haben wir!", antwortete der Polizist.

„Den haben Sie? Warum um Gottes Willen ...?"

Der Polizist unterbrach: „Er wurde in der Disco mit hundert Gramm Heroin erwischt!"

„Mit hundert Gramm Heroin? Der kann doch nicht mal einen Löffel halten", gab Ulrich zu bedenken.

„Wir haben auch gleich seinen Komplizen festgenommen. Herr Andreas Lebmayers Rollstuhl schien für die beiden das ideale Versteck beim Verkauf der Ware. Sein Komplize Teo Friedrichs war für die Verteilung zuständig."

Barbara, Ingrid, Ulrich und ich standen, lagen, und saßen mit offenen Mündern da, und verstanden die Welt nicht mehr. Andreas, ein Heroindealer?! Ein Schnarchsack war er, okay, aber ein Heroindealer?

„Da wir ihn nicht in ein Gefängnis überliefern konnten, wurde er auf eine spezielle Krankenstation für Häftlinge gebracht. Dort darf er das Zimmer nicht verlassen", erklärte der Polizeibeamte schließlich.

„Wie abgefahren", entfuhr es Ulrich.

„Er wird wohl mit ein paar Jahren rechnen müssen. Wenn wir Näheres wissen, kommen wir wieder auf Sie zu. Auf

Wiederhören!" Mit diesen Worten beendete der Polizist das Gespräch und legte den Hörer auf.

„Was für eine verrückte Geschichte", sagte Barbara und Ulrich fügte hinzu: „Hätte er mal lieber mit Kokain statt Heroin gedealt. Bei seiner Schnarcherei wäre es vielleicht sogar hilfreich gewesen, wenn er sich das Zeug durch die Nase gezogen hätte."

Andreas wurde, trotz der Prognose „lebenslang", relativ zeitnah entlassen. Er machte dem Krankenhausgefängnispersonal wohl ein bisschen zu viel Arbeit.

Ich sah Andreas nie wieder. Vielleicht war er ein total netter Typ. Oft urteilt man zu schnell über andere. Jeder Mensch verarbeitet so einen Schicksalsschlag anders. Mit Ruhe. Mit Trauer. Er vielleicht durch Zorn. Vor Kurzem habe ich gehört, dass er Anfang 2000 eine kroatische Frau heiratete und Vater wurde. Leider hielt die Ehe nicht. Er zog zu seiner Mutter, wo er wenige Jahre später verstarb. Gott habe ihn selig.

Virtueller Tagebucheintrag:
Heutiger Vorsatz: nicht zu vorschnell über andere urteilen! Es könnte das falsche Resultat dabei herauskommen!

7. Die alte Dorfwirtschaft

Monate später schob mich Susi aus Zimmer 219. Sie hatte es sich nicht nehmen lassen, an ihrem freien Tag zu kommen. Es war mein Abschied. Nach langen zehn Monaten. Eine extreme Zeit. Trauer, Schmerz und Lachen lagen dicht beieinander. Ich wollte nicht fort von hier. Hier war Sicherheit. Hier war ich Mensch. Nicht Behinderter. Hier war es normal, behindert zu sein. Die Autotür klackte. Der Krankentransporter, der mich in eine andere Welt bringen sollte, setzte sich in Gang. Winkende Menschen, die kleiner und kleiner wurden. Plötzlich war ich alleine.

„Wie war die Zeit hier?", rief der Fahrer von vorne.

„Schön!", antwortete ich. Tränen liefen über mein Gesicht und wollten nicht enden. Der Anbau meines Vaters, den er für mich wie selbstverständlich an sein altes Siedlungshaus zimmerte, war noch nicht fertig. In der Rehaklinik konnte ich nicht bleiben. Ich war „austherapiert", wie es so schön hieß. Ein Übergang musste also geschaffen werden. Es war schwierig, ein entsprechendes Heim für mich zu finden. Der pflegerische Aufwand, den ich benötigte, war einfach zu hoch. Anfangs stand eine kurzfristige Unterbringung in einem Altenheim zur Debatte. Meine Eltern lehnten ab.

Nach langer Suche fand man schließlich etwas Passendes. Ich war nicht begeistert, als ich davon erfuhr. Besser gesagt, ich hasste es. Behindertenheime waren etwas für Behinderte. Für eine Randgruppe. Nicht für mich. Noch war ich der Mittelpunkt meiner eigenen Welt! Mein Größenwahn hatte sich zwar verringert, blitzte aber gelegentlich noch auf. Nichtsdestotrotz! Ich gehörte nicht zu dieser Gruppe. Mit Behindertendasein verband ich: Im Rollstuhl sitzen. Gefüttert werden. Nicht alleine auf die Toilette gehen können. Oft falsches Mitleid bekommen. „Arme Behinderte" eben.

„Klopf! Klopf!" Es pochte an meiner Stirn. „Jemand zu Hause? ... Hallooo, Herr Höllerer, überleg mal", hörte ich eine Stimme in meinem Kopf sagen. „Sitzt du im Rollstuhl? Wirst du gefüttert? Brauchst du Hilfe beim Toilettengang? Wirst du bemitleidet? Ja? Bist du deswegen ein armer Behinderter? Was ist mit den anderen in deiner Situation? Wie fühlen die sich?"

Dann war es ruhig in meinem Kopf. Stille! Die Fragen klangen nach. Das Schweigen in mir zwang mich förmlich nachzudenken. Was war ich? War ich noch der sportliche ungezwungene 21-Jährige, der ich vor einem Jahr gewesen war? Körperlich wie geistig? Nein, das war ich ganz bestimmt nicht mehr! Es war wohl so. Ich gehörte dazu. Zum erlesenen Kreis der Behinderten. Zum Kreis der VIPs. Der „very important paralized persons". Nicht die, die mit goldenen Diners-Club-Karten winkten. Wir waren die mit den eigenen „Popoabwischern". Marbella, Bahamas oder Miami würden nicht unsere Urlaubsziele sein. Stattdessen residierten wir in Rehakliniken. Zwei Wochen dort waren ähnlich teuer wie ein Urlaub in Marbella, Bahamas und Miami zusammen. Ich weiß, es war schwarzer Humor. Doch anders konnte ich die Situation nicht ertragen. Ich gab mich geschlagen. Nicht freiwillig, es war die Logik, die mich bezwang. Ich war behindert.

Wider Erwarten stellte sich das Heim als wirklicher Glücksgriff heraus. Gerade mal sechs behinderte Menschen lebten dort. Der Heimleiter war ein „Alt-68er", mit langen Haaren und Klamotten, die in den siebziger Jahren modern gewesen wären.

„Auf eine gute Zeit, Lars", begrüßte er mich herzlich. Ich fühlte mich willkommen. Meine Angst wich. Ich hatte eines dieser sterilen Behindertenheime erwartet. Einladend wie ein McDonald's für Veganer. Doch hier handelte es sich um eine ehemalige Dorfwirtschaft, mit großem Essensraum und sechs kleinen Zimmern. Jedes für einen Bewohner. Die Räumlichkeiten waren schön, aber professionell zugeschnitten auf die Bedürfnisse behinderter Menschen waren sie nicht. Es gab gerade mal eine, zudem uralte Badewanne im ganzen Haus. Waschbecken in jedem Zimmer dafür im Überfluss. Ohne Warmwasseranschluss versteht sich. Gebadet wurde einmal die Woche. Ich kam mir vor, wie bei einer Großfamilie Anfang des 20. Jahrhunderts, wo Samstags Badetag war:

Papa Müller, das Oberhaupt der Familie, stieg damals zuerst in die Wanne. Er arbeitete zumeist in einem Kohlebergwerk oder als Schornsteinfeger. Das ehemalige saubere Badewasser bestätigte dies. Das waren noch Zeiten! Papa, der Patriarch. Da spielte es keine Rolle, die Sinnfrage zu stellen: Warum der Mensch, der am größten und dreckigsten war, ganz am Anfang badete? Nichtsdestotrotz stieg danach Mama Müller in die schon etwas abgestandene Brühe. Schließlich folgten, wie die Orgelpfeifen von groß nach mini, die kleinen Müllers. Spätestens die letzten zwei von den zehn Müllers, klein Fritzchen Müller und klein Lotte Müller, hüpften somit dreckiger aus der Badewanne als sie hineingeklettert waren.

Ein Szenario, das mir in der Dorfwirtschaft trotz allem erspart blieb. Das Haus hatte Charme. Man spürte die Herzlichkeit in jedem Raum. Die schwäbische Köchin, die auf die Bedürfnisse der Bewohner einging, und die leckersten süddeutschen Spezialitäten zauberte, war ein Teil davon. Maultaschen, Spätzle, Rahmgulasch waren vom Mittag noch nicht verdaut, da gab es auch schon die nächste „Brotzeit". Das Klinikessen war Schnee von gestern, ebenso wie die Nörgelei am Tisch über die kalten Kartoffeln, das ungewürzte Fleisch und die Tomatensauce, die nach Lebertran schmeckte.

Ich gewöhnte mich schnell an die Menschen und die neue Umgebung. Hier war zwar absolut nichts los, aber ich liebte die Ruhe. Wäre ich ein Mensch gewesen, der nichts mit sich anfangen kann, ich wäre wahrscheinlich schon in der ersten Woche vor Langeweile gestorben. Das kleine Behindertenheim lag in der Mitte eines Zweihundert-Einwohner-Ortes. So viel Einwohner wie Zuschauer bei einem schlecht besuchten Volksmusikkonzert. Für mich aber war es ideal. Dichte Wälder und endlose Weizenfelder umschlossen die wenigen Häuser. Mehr ist eigentlich nicht zu diesem Örtchen zu sagen. Es war nicht New York.

Erwähnenswert ist vielleicht noch das Mädcheninternat, welches fünf Kilometer entfernt war. Eine Schlossschule voller Schönheiten darin. Das Thema Mädchen hatte ich aber seit dem Unfall abgehakt. In Tübingen schwor ich mir, die Finger davon zu lassen. Was für ein Wortwitz! Ganz so wie „ohne Hände keine Kekse".

Heute schauten mich die Mädchen nur noch mit einem Blick aus Mitleid und Muttergefühl an. Das tat weh. Doch recht hatten sie. Warum ein Klotz am Bein, wenn man einen Baum von Mann haben konnte. Ich fühlte mich schlecht. Ich liebte doch so sehr das Gefühl der Schmetterlinge, die so lustig im Bauch herumflatterten und ein Sturmfeuer der Gefühle in mir entfachen konnten. Noch vor ein paar Monaten verliebte ich mich schneller als ein Ferrari durch die Kurve fahren konnte. Amors Pfeil traf mich mit einer Sicherheit von hundert Prozent. Er verfehlte nie sein Ziel. Schneller war ich Feuer und Flamme als Lucky Luke schießen konnte. Und wer ein richtiger Cowboy ist, der weiß, dass Lucky Luke nicht der Langsamste war ...

Statt der Liebe meines Lebens hatte ich nun Pflegepersonal im Arm. Nicht gerade vergleichbar mit Herzklopfen, aber in meinem Falle elementar wichtig. Und hier, in der Dorfwirtschaft, waren die Mitarbeiter einfach klasse. Sie wurden zu Freunden und hatten Zeit für uns. Viel Zeit. Ähnlich wie in Tübingen. Wenn ich mir überlege, wie das heutzutage oft in Kliniken abläuft, so war dies kein Vergleich. Ich spürte, dass diese Menschen ihre Aufgabe mit Herzblut verrichteten. Es war eigentlich nicht möglich, mit so wenig Personal sechs querschnittsgelähmte Menschen zu versorgen. Sie aber machten es möglich. Lange hatte der Heimleiter darüber nachgedacht, ob sie das stemmen könnten. Ich machte Arbeit, das wusste ich. Hier war ich weder „zu viel Arbeit" noch „Arbeitsmaterial". Es war ein gutes Gefühl. Es war eine gute Zeit in dieser alten Dorfwirtschaft.

Obwohl ich mich anfangs nie zu der Gruppe der behinderten Menschen zählen wollte, musste ich kleinlaut zugeben, dass ich in der kleinen Dorfkneipe vom Krankheitsbild wohl doch der am meisten Behinderte der Behinderten war.

Nach drei Monaten war der Anbau in Überlingen fertig und mein Papa holte mich ab. Die kleine Dorfwirtschaft, das Behindertenheim, löste sich vier Jahre später auf. Es war nicht mehr rentabel für den Betreiber. Ein neues Heim entstand zehn Kilometer weit entfernt. Das Personal wurde übernommen, und auch die Bewohner leben heute noch dort. Ich besuchte noch ein paar Mal das jährliche Sommerfest in dem neuen Heim. Den Charme und die Wärme der alten Dorfwirtschaft konnte ich dort leider nicht mehr finden.

Virtueller Tagebucheintrag: Alte Dorfwirtschaft punktet gegen moderne Behinderteneinrichtung. Manchmal ist weniger mehr!

8. In der alten neuen Heimat

Der Umzug von der alten Dorfwirtschaft ging reibungslos und schnell vonstatten. Der frisch gezimmerte Anbau erstrahlte im sonnendurchflutenden Licht. Mein Papa hatte ihn konstruiert und in Windeseile hochgezogen. Es kostete ihn viel Kraft. Bis spät in die Nacht, bis zur völligen Erschöpfung hatte er daran gewerkelt. Das alles, um seinem Sohn das Heim zu ersparen. Er klopfte, hämmerte, und sägte. Tag ein. Tag aus. Jedes Klopfen, jedes Sägen und jeder Schlag mit dem Hammer waren pure Liebe.

Stolz zeigte er mir die fertige Wohnung. Es roch nach Holz und frisch gestrichenen Wänden. Ich schaute mich um. Terrakottafarbene Fliesen, eine helle Holzdecke und viel, viel Glas. Ein herrlicher Blick in den Garten.

„Das ist der Hammer, Papa! Danke! Danke! Ich danke dir so sehr!" Ich war begeistert!

„Keine Ursache, Bue. Das habe ich gerne gemacht", versicherte er mir.

Ich war sein "Bue". Auf Hochdeutsch gesagt: Ich war sein Junge. Das ist bis heute so geblieben. Ich glaube, das ist das Schicksal aller Sprösslinge: Sie bleiben immer die Kinder ihrer Eltern. Wie alt sie auch werden. Wenn mein Papa, so Gott will, hundert Jahre alt wird, werde ich noch mit 65 Jahren sein „Bue" sein. Ich werde es gerne sein.

Jetzt war ich wieder hier in Überlingen. Die schöne Stadt am Bodensee. Heimat und Erinnerung. Ich dachte, es würde einfacher werden. Hier kannte ich mich aus. In der Stadt, in der ich die schönsten Momente meines Lebens verbracht hatte. Jugend. Familie. Freunde. Liebe. Sport. Partys. Hier war das Zentrum, Background und Halt.

Es stellte sich als Trugschluss heraus. Die erlebten schönen Momente waren jetzt eher hinderlich. Schöne Momente passten nicht zu meiner jetzigen Situation. In der Rehaklinik und der alten Dorfwirtschaft war ich ein Rollstuhlfahrer unter vielen gewesen. Hier war ich ein Unikat. Ein bunter Hund auf vier Rädern. Nicht etwa deshalb, weil ich die Malerei, die ich die letzten zwölf Monate so lieben gelernt hatte, auch hier weiter betrieb. Nein, hier war ich zwar gut behütet, doch nicht gut verstanden. Wie sollten sie mich auch verstehen? Erklär mal einem gesunden Menschen, wie man sich fühlt, wenn man tagein tagaus chronische Schmerzen hat. Gepaart mit Hitzewallungen und Kältemissempfindungen. Mein Körper war ein Gefängnis, in dem gefoltert wurde. Seit dem 21. Mai 1991 war der Schmerz zu meinem ständigen Begleiter geworden.

Die erste Fahrt durch Überlingen war für mich wie ein Spießrutenlauf. Mit meinem auffälligen Rollstuhl fühlte ich mich wie das berühmte Zirkuspferd. Jeder schaute mich an. Ich sah es. Die Blicke. Die Köpfe, die sich drehten. Der bunte Hund rollte. Ich fühlte mich schrecklich. Der knallgelbe elektrische Rollstuhl mit dem traurigen Jungen war ein

„Hingucker". Ich weiß nicht, wie lange ich das so empfunden habe. Es war ein Kulturschock. Gestern noch Ruhe, Schafe und eine alte Dorfkneipe und heute Touristen, Autos und Hektik. Diese kleine 22.000-Einwohner-Stadt war plötzlich wie New York für mich. Ein Jahr war ich nicht hier gewesen in meiner Heimatstadt. Alles sah wie früher aus. Alles war an seinem Platz. Der Kirchturm im Stadtinneren. Der Bodensee. Die wunderschöne Promenade. Tausende Menschen flanierten im Sommer darüber. Meine Stammkneipe. Die Freunde. Das Lachen der Mädchen. Die Leichtigkeit des Seins. Nichts hatte sich geändert. Alles ging seinen Gang. Nur ich hatte mich verändert! Ich hatte in dem Spiel, das Leben heißt, eine neue Rolle bekommen.

Die ersten zwei Jahre wurde ich von Eva-Maria, meiner Stiefmama, gepflegt. Mein Papa und Eva-Maria waren damals schon fünfzehn Jahre verheiratet. Aus der Beziehung ist meine jüngere Schwester Nicole entstanden. Damals zarte dreizehn Jahre alt. Eva-Maria war Krankenschwester. Sie gab ihren Job in der Klinik auf. Wieder einer dieser wunderbaren Schicksalsfügungen. Montag bis Freitag übernahm sie die Pflege. Am Wochenende meine Mama. Sie kam praktisch direkt von der Arbeit in die Arbeit. Mama wohnte noch immer in der Stadt. In derselben Wohnung, in der ich die letzten Jahrzehnte gelebt hatte. Meine große Schwester Petra war gerade nach Regensburg gezogen. Der Liebe und einer Umschulung wegen.

Eines Tages erfuhr ich von meinem Freund Joachim, dass es in Überlingen eine engagierte Frau gibt, die selbst im Rollstuhl sitzt und Zivildienstleistende vermittelt.

„Wäre doch klasse, wenn du von Leuten gepflegt würdest, die in deinem Alter sind", sagte Joachim.

„Das wäre es", dachte ich, und setzte mich gleich mit dieser Frau in Verbindung. Sie war Vorsitzende einer Selbsthilfegruppe für MS-Erkrankte, hatte fünf Zivildienstleistende und zu dem einen Fahrdienst für Behinderte und ältere Menschen unter sich. Frau Hengstler war eine faszinierende Frau. Selbstsicher, obwohl sie im Rollstuhl saß. Engagiert. Und sie hatte ein Herz aus Gold. Sie selbst wurde auch von zwei Zivildienstleistenden betreut und kannte sich bestens mit den Formalitäten aus. Es ging ratzfatz.

Einen Monat später war es so weit: Die Zeit mit den Jungs fing an.

Virtueller Tagebucheintrag: Ein neuer Lebensabschnitt beginnt.

9. Petersilie in der Dose

Meine ersten Zivildienstleistenden hießen Tom und Tim. So ähnlich die Namen, so unterschiedlich waren die beiden. Der eine war etwas introvertiert, der andere ein Löwe auf der Tanzfläche. Der eine liebenswert tollpatschig, mit wenig Hausverstand. Der andere geschickt und handwerklich begabt. Der eine frisch von der Schule, der andere ausgebildeter Elektriker. Ich mochte sie beide. Doch Zwillinge waren sie definitiv nicht. Eine Sache aber hatten sie gemeinsam: das Essen! Wie zwei Menschen so viel in sich reinstopfen konnten, ohne sich der Sachen gleich wieder zu entledigen, war mir ein Rätsel. Von welcher Spezies waren sie? Mann oder Kuh? Der zweite Magen musste doch irgendwo herkommen!

Die ersten Wochen gab es „Essen auf Rädern". Der Name war Programm. Da war es nur logisch, dass Tim schon am zweiten Tag den alten „Behindertenklassiker" vom Stapel ließ:

„Kennst du den schon? Was sagt ein Kannibale zum anderen, wenn er einen Rollstuhlfahrer sieht?"

Die Behindertenwitze hatten wir in der Rehaklinik schon alle durch. Ich machte ihm aber die Freude und sagte: „Keine Ahnung."

„Essen auf Rädern!", rief Tim, und lachte sich fast kaputt dabei.

Ich versuchte, meine Mundwinkel zu einem Lächeln zu bewegen. Gute Witze über Behinderte gab es ja wirklich. Der Kannibalenwitz gehörte definitiv nicht dazu. Stattdessen erinnerte ich mich an einen anderen Witz, der lautlos als Gedankenfetzen an mir vorüberzog:

Treffen sich ein blinder Rollstuhlfahrer und ein Tauber. Sagt der Taube: „Ich kann Behindertenwitze nicht mehr hören!" – Sagt der blinde Rollstuhlfahrer: „Sehe ich genauso!" und rollt davon.

„Witzig, oder? Essen auf Rädern!", wiederholte Tim die Pointe. Besser wurde der Witz dadurch nicht. Er freute sich. So lachte ich mit. Ein Fehler, wie sich herausstellte. Die nächsten zwei Wochen war dies der „Running Gag" am Mittagstisch.

Drei Monate später warf ich das Handtuch. Ich konnte die Mahlzeiten von „Essen auf Rädern" nicht mehr ertragen. Ich verdonnerte Tom und Tim zum Kochen! Die Speisen von Eva-Maria schmeichelten dem Gaumen. Das Essen auf Rädern dagegen war erbärmlich. Es schmeckte wie „Essen unter die Räder gekommen, zusammengekehrt und wieder aufgewärmt". Es wurde auch nicht besser, wenn man es in schlecht riechende Metallboxen warf. Da lag es dann in der Box wie ein Häufchen „Alles oder nichts" und fragte sich: „Was bin ich eigentlich?"

Die Großküche war bestimmt gut besucht, vom Veterinäramt. Wo Angestellte ihre Essensgutscheine an Menschen verschenkten, die sie nicht mochten. Dem Koch musste seine Arbeit sichtlich keinen Spaß machen. Das merkte man bei jedem Bissen. Liebe und Leidenschaft legte er auf jeden Fall nicht in seine Arbeit. Ich hatte Mitleid mit dem verkochten Gemüse und den armen Tieren. Umsonst waren sie gestorben. Ich wollte gar nicht wissen, was der Koch da noch alles reingeschmissen hatte. Wahrscheinlich wusste er es selbst nicht. Ganz gewiss aber war die Mischung nicht gesund. Gerne hätte ich mit dem Besteck nach den Zutaten suchen lassen. Undefinierbar war der Brei. Man konnte alles und nichts ausschließen.

Ich übertreibe. Gewiss. Doch das Essen war wirklich schlecht. Tom und Tim hingegen meisterten ihre Aufgabe in der Küche als blutige Anfänger sehr gut. Man muss dazu sagen, dass die beiden zuvor noch nie eine Küche von innen gesehen hatten.

Pannen gab es natürlich auch, zum Beispiel, als Tom auf die wahnwitzige Idee kam, während er kochte, „noch schnell einkaufen zu gehen". Er knallte die Haustüre hinter sich zu. Stand er nicht gerade noch am Herd? Ich wollte mich nicht beschweren. Wahrscheinlich hatte er wieder mal irgendeine Zutat vergessen. Wenigstens wusste ich jetzt, dass es richtige Zutaten in meinem Essen gab. Tom war eh schon über alle Berge und so blickte ich der Sache gelassen entgegen. Er besorgte bestimmt so etwas „wichtiges" wie Petersilie in der Dose. Hundertprozentig von der gleichen Firma, von der wir schon fünf Dosen im Schrank stehen hatten. Tom war ein Meister im Lebensmittel ein- und zu viel kaufen. Tonnenweise. Wenn ich es nicht anders wüsste, ich hätte gewettet, dass er den einen oder anderen Krieg mitgemacht hatte. Wahrscheinlich lebte er aber nur sein „Messidasein" aus.

Ich war an diesem Tag noch im Bett, da ich eine kleine Druckstelle an meinem Allerwertesten auskurieren musste. Das übliche Leiden der Rollstuhlfahrer. Seit meinem Unfall stand mein Popo für mich mehr im Mittelpunkt als der einer Frau. Früher hätte mich das stutzig gemacht. Heute gehörte es zum Einmaleins eines Rollstuhlfahrers. Wir sitzen nun mal stundenlang auf unseren vier Buchstaben. Einmal nicht aufgepasst, „Zack" gehörst du zur „Pavianpopo-Fraktion".

Jetzt war ich im Bett und dadurch noch unselbstständiger als normalerweise. Kann man mögen, muss man aber nicht. Und ich mochte das absolut nicht. Besonders, wenn man auf einmal ein ungewöhnliches Geräusch aus der Küche hört. Eine Art Blubbern. Ungewöhnlich deshalb, weil es nur blubbern sollte, wenn jemand in der Küche war. Heute konnte nur die Gemüse-Kartoffelpfanne vor sich hinblubbern. Ich war beunruhigt. Die anfängliche Irritation schlug schon bald in wilde Panik um. Wie schon erwähnt: Der Hausverstand war Toms Markenzeichen nicht. War das aber ein Grund, gleich die Bude abzufackeln? Es musste noch genug Feuchtigkeit in der Gemüse-Kartoffelpfanne sein. Ich konnte auf jeden Fall noch nichts Ungewöhnliches riechen. Aber wie lange noch? Bestimmt hatte Tom den Herd ausgemacht. Die Herdplatte glühte einfach noch ein bisschen nach. So musste es sein. Hoffnung keimte in mir auf. Als das Blubbern aber nicht aufhören wollte und stattdessen das Geräusch in ein Zischen überging, war es gewiss. Mir wurde heiß. Meine Gefühle brodelten nun ähnlich wie das Essen in der Küche. Zu allem Überfluss hatte Tom mir weder mein Sprachprogramm noch die Saug-Blassteuerung installiert. Keine Chance nach draußen zu telefonieren. Hilfe holen war unmöglich. Er hatte an alles gedacht, um mir den Tag zu verschönern. Ich schrie. Niemand hörte mich. Natürlich nicht. Papa und Eva-Maria waren sich ja sicher, dass ich gerade eine Gemüse-Kartoffelpfanne aß. Niemand dachte daran, dass mir diese in wenigen Momenten um die Ohren fliegen könnte.

Der Geruch aus der Küche veränderte sich. „Beißender Gestank" war jetzt das richtige Wort dafür. Wie lange brauchte man eigentlich, um eine überflüssige Petersilie in der Dose zu kaufen? Unter der Küchentür zogen langsam die ersten

Rauchschwaden hervor. Spätestens jetzt hatte der Spaß ein Ende. Ich holte tief Luft. Immer wieder schrie ich um Hilfe. Schließlich begann ich zu verzweifeln. Ich würde sterben. Jetzt wäre der Moment gekommen. Das Haus würde in Flammen aufgehen. Die Feuerwehr würde mich finden. Verschmolzen mit meiner aus Plastik bestehenden Antidekubitusmatratze[1]. Das einzige, was mich jetzt noch retten könnte, wären die Bäche meiner Tränen, die mir über die Wangen flossen.

Ich war wunderbar darin, mir die schlimmsten Szenarien vorzustellen. Es war verrückt. Gerade hatte ich versucht, mein neues Leben anzunehmen. Hatte Freude am Dasein. Wenigstens ab und zu. Und jetzt sollte ich sterben? Die Sinnfrage stand im Raum. Würde sie noch Bestand haben, wenn ich bei Gott war? Bestimmt nicht, vor Gott wäre dies alles nicht mehr relevant.

Mein Zimmer füllte sich zunehmend mit Gestank und weißem Rauch. Es war nicht lange her, dass ich eine Sendung gesehen hatte, in der Feuerwehrleute ein brennendes Haus löschten. Eine Tür wurde geöffnet. Ein Feuerball kam ihnen entgegen. Tote und Verletzte waren das Resultat. So würde es sein, wenn Tom die Küchentür öffnete. Sinnfreie Gedanken waren das, denn das würde nicht passieren! Mein Zivi stand ja gerade am Gewürzregal im Edeka Center. Suchend nach noch sinnfreierer Petersilie in der Dose. Eine weitere Möglichkeit war, dass er sich in der Süßigkeitenabteilung verlaufen hatte. Als wollte er das nicht bestätigen, klickte das Schloss an der Türe.

„Bin wieder da, Lars!", rief die Stimme, die dem Einkäufer gehörte.

Ich schrie. Ich schrie wie ein Geretteter, der kurz vor dem Verdursten einen Jeep in der Wüste sieht. Tom rannte die Treppe hinab. Sein Gesicht war wie versteinert. Ihm war wohl

---

[1] Die Dekubitusmatratze – auch Antidekubitusmatratze – wird in der Krankenpflege verwendet und ist eine (Auflage-)Matratze, die zur Prophylaxe oder Therapie von Druckstellen bei Patienten primär durch Verringerung des maximalen Auflagedrucks dient.

eingefallen, dass man ein Essen immer vom Herd nimmt, bevor man ungefragt zum Einkaufen geht. Er hechtete auf die Küchentür zu. Seine Hand griff nach der Türklinke.

„Neeeeeiiiiiiiiinnn, nicht öffnen! Die Feuerwalze. Der Fernsehbericht", schrie ich mit tränenerstickter Stimme. Jetzt waren die ewigen Jagdgründe nicht mehr weit. Tom hatte den Bericht wohl nicht gesehen. Er öffnete die Tür. Auf Wiedersehen du schöne Welt ...

Doch statt der erwarteten Feuerwalze schoss uns eine dicke Wolke aus stinkendem Qualm entgegen. Mit dem Qualm kam die Dunkelheit. Hätte ich meine Hand vor Augen halten können, ich hätte sie nicht gesehen.

„Ich mach mal die Fenster auf", hörte ich Toms Stimme aus der weißen Rauchwolke heraus.

„Vielleicht machst du erst mal diesen scheiß Herd aus, bevor er explodiert!", schrie ich.

Ich hörte das ersehnte Klicken und war erleichtert. Tom hatte endlich den Herd ausgedreht. Er war auf die Terrasse gerannt und schnappte nach Luft. Ein Lebenselixier, das ich jetzt auch mehr als nötig gehabt hätte.

„Es wäre schön, wenn du mal die Pfanne vom Herd nimmst! Könnte ein Grund dafür sein, dass unser ehemaliges Mittagessen immer noch raucht wie Helmut Schmidt in seinen besten Zeiten", schrie ich ihm hustend hinterher. Ich mochte ihn total gern, meinen Tom. Manchmal hätte ich ihn trotzdem an die Wand klatschen können.

Ich war nicht erstickt. Die Pfanne war nach dieser Aktion unbrauchbar. Essen hätte sich dort eh nicht mehr hineingetraut. Tom ist heute Computerspezialist und ein guter Freund von mir. Das heißt jedoch nicht, dass ich ihn jemals wieder in meine Küche lassen würde.

Virtueller Tagebucheintrag: Knoten ins Ohr! Neue Pfanne kaufen – am besten im Doppelpack!

10. Das etwas andere Parfüm

Nach der Geschichte mit Tom, der mich durch seine Unachtsamkeit ganz schön in Panik versetzt hatte, musste ich an eine ähnliche Begebenheit vor meinem Unfall zurückdenken. Hier war allerdings ich derjenige, der andere in Panik versetzte.

Ich war zwanzig Jahre alt, frisch verliebt, und sprengte die Party meiner Angebeteten. Annette hatte schon eine eigene Wohnung. Zwei Zimmer plus Küche und Bad. Gerade mal vierzig Quadratmeter groß, im Erdgeschoss gelegen und mit Zugang zum Garten. Im Nachhinein sollte sich das als Glücksfall herausstellen.

Es war kurz vor 20:00 Uhr. Gleich würden die Gäste kommen. Das „Standardpartyprogramm" war vorbereitet: Cola, Bier, Wein und Chipstüten. Der Kassettenrekorder wurde aufgedreht. Die Musik aus den Siebzigern erlebte gerade ein Revival. „Flower Power" passte zu meinen Schmetterlingen im Bauch. Die Melodien mal melancholisch, mal romantisch. Meistens aber Ausdruck purer Lebensfreude. Und diese durfte an diesem Abend natürlich nicht fehlen.

Ich war seit zwei Wochen mit Annette zusammen. Wir hatten uns über ihren kleinen Bruder kennengelernt. Wie und wo? Keine Ahnung! Man vergisst so viele schöne Dinge im Leben. Glücklicherweise auch manchmal die Schrecklichen. Sie hatte lange braune Haare, wunderschöne Augen und einen bezaubernden Blick. Er schoss mich jedes Mal auf die rosa Wolke. Direkt in den siebten Himmel hinein.

Es klingelte. Martin, ein guter Freund, stand vor der Tür. Peter und Henni folgten. Eine halbe Stunde später quetschten sich dreißig weitere Gäste durch die kleine Wohnung. Die Party konnte starten. Es wurde gelacht, getrunken und getanzt. In meiner Erinnerung war das ein wunderschöner Abend.

Zu fortgeschrittener Stunde hatte ich schon das eine oder andere Bierchen von seinem Kronkorken befreit. Da bemerkte ich das kleine Regal. Links neben der Tür zum Garten stand es. Es war nicht groß, dafür aber voll von zahlreichen kleinen und großen „Unnötigkeiten". Ein Zauberwürfel, den man nicht mehr drehen konnte. Ein Strafzettel, den Annette bekommen hatte. Wer rückwärts in eine Einbahnstraße fährt und dabei unbedingt einen Polizeiwagen streifen muss, sollte damit rechnen.

„Shit happens!", dachte ich amüsiert, und stöberte weiter. Parfümflakons. Bücher. Streichholzschachteln aus aller Herren Länder. Eine rosa Spieluhr mit einer Ballerina, die sich drehte. Zahlreiche Teddybären. Und schließlich, ganz am Rande, ein kleines Fläschchen. Die Schrift darauf war verschwommen. Vielleicht lag dies aber auch an meiner Wahrnehmung. Beziehungsweise an meinem kleinen Schwips, den ich schon hatte. Angestrengt las ich Buchstabe für Buchstabe. „CS-Gas".

„Lustiger Name für ein Parfüm", dachte ich. Was stand da noch? „Pay attention! To keep this in safe custody for children."

Hätte ich Englisch mal nicht in der 7. Klasse abgewählt. Keine Ahnung, was der Schriftzug bedeutete. Ich nahm das Fläschchen aus dem Regal, sprühte wie wild damit im Zimmer herum und wartete gespannt auf das duftende Resultat. Statt Rosen- oder Veilchenduft verbreitete sich Panik im Raum. Die Leute husteten, schrien und niesten. Zehn Sekunden später war die Wohnung leer. Auch ich rannte. Meine Augen brannten, mein Hals schmerzte. Was für ein Drecksparfüm!

Der Übeltäter war schnell gefunden. Im Garten musste ich mir dann von den Partygästen anhören, was für ein Vollpfosten ich sei. So wie es aussah, war Pfeffergas unter den Beteiligten nicht beliebt. Aus der Wohnung schallte Musik. Marius Müller-Westernhagen: *„Mit Pfefferminz, mit Pfefferminz bin ich dein Prinz!"*

Auch Annette war mehr als begeistert von meiner Aktion. War das peinlich. Ich hätte in den Boden versinken können. Glücklicherweise waren nach einer knappen halben Stunde alle wieder soweit „an Bord", dass die Party erneut starten konnte. Ich setzte mich schleunigst auf die Couch. Weit entfernt von dem Regal und dem Fläschchen. In der einen Hand ein Bier, im anderen Arm die Freundin. Die Gefahr für die Allgemeinheit war gebannt.

Die Feier war noch ein voller Erfolg. Jeder hatte mir verziehen. Am nächsten Morgen wachte ich auf und schlug schlaftrunken die Bettdecke zur Seite. Die restlichen Staubpartikel des CS-Gases flogen durch die Luft. Das gleiche Spiel wie gestern begann. Panik und Husten, Niesen und Schreien.

Annette und ich standen im Garten. Sonntagmorgen, 6:30 Uhr. Marius Müller-Westernhagen lief: *„Mit Pfefferminz, mit Pfefferminz bin ich dein Prinz!"*

Trotz dieser hirnlosen Aktion hielt die Beziehung mit Annette erstaunliche sechs Wochen.

Virtueller Tagebucheintrag: Warum fällt mir erst jetzt auf, dass ich vor meinem Unfall ein bisschen „gaga" war?

11. Prilblümchen

Viele meiner Zivildienstleistenden wohnten noch zu Hause. Sie genossen das „Hotel Mama" in vollen Zügen. Essen, Abwaschen, Wäsche machen – alles war inklusive. Von selbstständiger Raumpflege und Küchenarbeit hatten sie noch nie etwas gehört. Oder sie hatten sich erfolgreich davor gedrückt. Auch ich wohnte vor meinem Unfall noch zu Hause. Der Zivildienst war eine neue Welt für die Jungs. Hier gab es keine Mama, die das dreckige Geschirr spülte.

„Wie bitte? Das Essen muss ich selbst kochen? Säubert der Boden sich denn nicht von alleine?"

„Nein, das macht er nicht, der Boden. Ich versteh's auch nicht", sagte ich mitfühlend.

Die Zivis waren wie Stadtkinder, denen ich erklären musste, dass die Milch nicht aus dem Supermarktautomaten kommt, sondern aus den Eutern der Kühe! Ihre Gesichtsausdrücke sprachen Bände, wenn ich sie aufforderte, den Boden zu wischen. Die Mundwinkel fielen hinab, die Augen öffneten sich und die Pupillen wurden groß. Die Stirnen voller Falten, während sich ihre Münder in Zeitlupe öffneten:

„Mama, wo ist meine Mama?"

Das war ein netter Versuch, mein Mitgefühl zu wecken. „Wischmob und Putzeimer stehen im Badschrank", sagte ich kurz.

Da stand er nun, mein neuer freiwilliger Helfer und wusste nicht, was er tun sollte. In der einen Hand den Wischmob, in der anderen den Eimer. Sein Blick wechselte vom Mob zum Eimer und wieder zurück. Noch einmal rief der Zivi nach seiner Mama. Doch die Hoffnung starb zuletzt. Die Hausarbeit musste schließlich gemacht werden.

Einen Lichtblick gab es aber. Die „alten" Zivis. Sie zeigten den „neuen" Jungs, wie es ging. Die Gesichter der Neuankömmlinge erhellten sich. Es gab sie also wirklich: Junge Leute, die Hausarbeit überleben konnten. Und das ganz ohne Mama. Meist kam der Reifeprozess recht schnell. Es war schön zu sehen, wie Synapsen in ihrem Gehirn zusammenfanden, die sich bis dato feindlich gegenübergestanden hatten. Auf einmal war es normal, den Boden zu wischen. Aber erst, wenn er schon so dreckig war, dass man darauf ausrutschte. Sie wischten irgendwann sogar die Spaghettisoße vom Tisch. Manchmal noch am selben Tag! Selbst der Spiegel wurde geputzt, meist aber erst, wenn man sich nicht mehr darin sehen konnte.

Es knallte trotzdem das eine oder andere Mal zwischen uns. Das blieb unausweichlich. Ich wurde auf diese Weise immer wieder aus der schon so sicher gewähnten Geborgenheit gerissen. Ein gutes Beispiel lieferten Felix und Paul. „Gut gemacht, Jungs!", kann man da nur sage

Felix und Paul wurden in diesem Jahr gleichzeitig eingelernt. Normalerweise suchte ich meine Zivis schon im Herbst, um im Sommer des darauffolgenden Jahres neues Pflegepersonal zu haben. Der Eintrittstermin war August und September. Ich warb überall für meine Stelle. Flyer hingen in den Schulen:

Rollstuhlfahrer sucht zuverlässige und nette Leute,
die mich pflegerisch und im Alltag betreuen.
Fünf Tage arbeiten, fünf Tage frei.
Freue mich auf eure Antworten!

Ich annoncierte in den regionalen Tageszeitschriften und Wochenblättern. Jobbörsen für Freiwillige besuchte ich täglich im Internet. Und dann war da noch die Mund-zu-Mund-Propaganda. Es gab Jahre, in denen sich zehn bis zwanzig junge Männer auf die Stelle bewarben. Und es gab Jahre, in denen ich dachte, mich selbst pflegen zu müssen. Ich wollte weder in ein Heim und schon gar nicht in ein Altersheim. Und das in meinem Alter? Ich verzweifelte fast, doch dann ging wieder ein Türchen auf. Herausgeschaut hat der liebe Gott und sagte: „Hallo Lars, hab ein bisschen mehr Vertrauen!" Das musste ich auch haben, denn ich wurde oft genug auf die Probe gestellt.

1994 bekam ich meinen ersten Zivildienstleistenden. Sein Dienst betrug 15 Monate. Das war eine gute Zeit mit Planungssicherheit für mich. Nach und nach wurde aber die Bundeswehr verändert. Verkleinert. Aus einer reinen Verteidigungsarmee sollte eine straffe, schlagkräftige Truppe werden. Auslandseinsätze inbegriffen. Eine Wehrpflicht und Zivildienst waren nicht mehr gewollt. Beides wurde verkürzt. Von fünfzehn auf zwölf Monate. Nach elf folgten neun. Schließlich der Minusrekord: Sechs Monate. Dann wurde beides, Wehrpflicht und Zivildienst vollends in die Tonne geklopft. Eine totale Bullshit-Idee, wie ich fand. Dieser Dienst für junge Leute nach der Schule bereicherte ihr Leben. Sie reiften. Hatten dadurch eine ganz andere soziale Kompetenz.

Ich hatte in diesem Jahr zwei Zivildienstleistende, Felix und Paul, die jeweils nur am ersten August anfangen wollten. Das Studium danach wäre sonst in Gefahr. Beide wurden von Fabian, meinem „alten" Zivi eingelernt. Es muss Ende

August gewesen sein. Ich fand, dass drei Wochen Einlernzeit genügten:

„Jungs, heute arbeitet ihr mal selbstständig! Ganz ohne Fabian."

„Kein Problem! Wir sind fit wie zwei Turnschuhe", erwiderte Felix selbstsicher.

Der erste Tag ohne einen erfahrenen Helfer ist immer wieder ein Sprung ins kalte Wasser. Für mich und die zwei neuen. Manchmal konnte ich Fehlentscheidungen wirklich hervorragend treffen. Das Leben kann man eben nicht rückwärts leben und ich hatte keine hellseherischen Fähigkeiten. Und das ist vielleicht ganz gut so.

Der Tag startete wunderbar. Felix und Paul hatten das Frühstück gemacht, und ich saß nun unter der Dusche. Genüsslich. Wie jeden Tag. Die Zeit unter dem warmen Wasser war Luxus pur für mich. Es war die Zeit ohne meine ständigen Begleiter, die Schmerzen. Das Plätschern des Wassers beruhigte mich. Die Wärme umhüllte meinen Körper. Keine Ahnung, was es war. Ich fühlte mich jedenfalls sauwohl. Tage, an denen ich über eine halbe Stunde unter dem warmen Nass saß, waren keine Seltenheit.

Ich saß also unter der Dusche und die Jungs lümmelten im Wohnzimmer und spielten mit ihren Handys. Der Wasserzähler drehte und drehte sich.

„Die doofe Spülerei geht mir voll auf den Sack!", motzte Felix.

„Kannst du wohl sagen. Ich bekomme bald Spülhände wie meine Mutter", bestätigte Paul.

„Wir sollten die Spülmaschine ausprobieren", sagte Felix. Dieser Plan war in meinem Haushalt eigentlich tabu. Es war nicht wirtschaftlich. Drei Teller waren einfach zu wenig für einen Spülgang.

„Ja, das sollten wir unbedingt machen", stimmte Paul zu. Der Komplott war geschmiedet.

Ich bekam von alledem nichts mit. Der Wohlfühlmodus umschloss mich mit einer unsichtbaren Hülle. Das Wasser. Die Wärme. Keine Schmerzen.

„Was für einen Waschgang stellen wir ein?", fragte Felix, der wie wild am Knopf der Spülmaschine drehte.

„Völlig egal. Kannst du einstellen, wie du magst!", sagte Paul.

„Lange intensive Vollwäsche hört sich gut an. Oder?"

„Kann nicht schaden!", stimmte Paul erneut zu.

Tolle Entscheidung Jungs! „Lange intensive Vollwäsche" muss man unbedingt einstellen, wenn man drei Teller in der Spülmaschine hat. Besonders bei so hartnäckiger Verschmutzung, die Frühstücksbrote auf einem Teller hinterlassen.

„Was für Spülmittel nimmt man da?", fragte Felix.

„Natürlich das Gleiche wie bei der Handwäsche."

„Also Pril?"

„Richtig! Pril nimmt meine Mutter auch immer", bestätigte Paul. Hätte das mal seine Mutter gehört.

Felix holte die Flasche. Das Einfüllfach der Spülmaschine wurde geöffnet. Das falsche Spülmittel eingefüllt. Schnell war die Flasche ein Drittel leerer. Normalerweise reichte ein Spritzer bei einer Handwäsche, um das Spülbecken mit einer Schaumwolke zu fluten. Logisch, dass ein Drittel der Flasche „etwas" zu viel war.

„Vielleicht waren es auch Pril-Tabs, die meine Mutter verwendet", fügte Paul nun beiläufig hinzu. Hätte er das nur mit mehr Nachdruck gesagt!

„Ich glaube, das reicht noch nicht!", sagte Felix und drückte einen weiteren Spritzer in das schon überfüllte Fach. Die Prilflasche war nun halb leer. Ein Fußtritt und die Maschinentür war zu.

Nach längerem Suchen fanden Felix und Paul den rot leuchtenden ON-Knopf. Mit leichtem Surren nahm die Maschine ihre Arbeit auf.

Ich, unter der Dusche, bekam von alledem immer noch nichts mit. Meine Batterien blühten unter dem sprudelnden Nass auf. Wie ein vertrocknetes Vergissmeinnicht, das sich in der Dürre nach dem Wasserüberfluss der Regenzeit sehnte. So fühlte ich mich. Das Plätschern des Wassers übertönte das Geräusch der Spülmaschine.

Weitere zehn Minuten vergingen. Dann hatte ich meine Wohlfühltemperatur erreicht. Die Küche war vereinsamt. Felix und Paul „bespaßten" im Wohnzimmer ihre Handys. Was hinter der geschlossenen Küchentür vor sich ging, bemerkten auch sie nicht. Als ich rief, um abgetrocknet zu werden, kamen die zwei auch gleich. Felix drehte den Wasserhahn zu. Paul holte das Handtuch. Was für ein Service! Rundum Wohlfühlprogramm. Das Geräusch der Spülmaschine hörte ich trotzdem sofort.

„Warum läuft die Maschine?", fragte ich, wohl wissend, keine plausible Erklärung dafür zu bekommen. Langes Schweigen. Ihren Gesichtern war anzusehen, dass sie ihre Spülaktion vergessen hatten.

„Das ist die Spülmaschine", sagte Felix kleinlaut.

„Was du nicht sagst. Und weiter?"

„Das geht Ruckzuck. Geschirr rein, Türe zu, fertig", versuchte Paul die Situation zu erklären.

„Wegen drei Tellern?", rief ich kopfschüttelnd.

Nach kurzer Belehrung, dass die Spülmaschine ab jetzt tabu sei, war das Thema Geschichte. Ein lautes „Klick" kam aus der Küche. Der Spülvorgang war beendet. Ich wurde abgetrocknet und aus dem Bad geschoben. So ein Duschstuhl war schon etwas Feines. Aufrecht unter der Dusche sitzen. In der Klinik konnte man mich, wegen meiner Kreislaufprobleme nur liegend duschen. In einer Art Bett aus Plastik. Auf einer harten, kalten Unterlage. Genussvoll war anders.

Paul platzierte den Stuhl neben dem Bett. Er fixierte die Bremsen und beugte meinen Oberkörper nach vorne, mein

Kinn über Pauls Schulter. Dann seine Hände unter mein Gesäß. Eins, zwei, drei und ich lag im Bett. Mein Blick ging zur Küchentür. Ich erschrak. Vor der Tür hatte sich eine riesige Wasserpfütze gebildet.

„Felix! Paul! Was ist das?"

Felix reagierte sofort und riss die Türe auf. Die Küche stand unter Wasser. Aus der Spülmaschine quoll aus allen Ritzen weißer Schaum. Ich hörte das Quietschen der Spülmaschinentüre. Felix hatte sie geöffnet. Zuvor war schon zu viel Wasser auf dem Boden. Jetzt ergoss sich eine Schaumflut über den Küchenboden. Auch das halbe Wohnzimmer war geflutet. Eine Schaumparty in der Disco war nichts dagegen.

Die Putzaktion dauerte eine knappe Stunde. Berge von Schaum mussten auf die Terrasse abtransportiert werden. Am Ende waren die beiden „Hausfrauen" erschöpft und pitschnass. Auf meine Frage, ob das Abspülen mit der Hand wirklich länger gedauert hätte, erntete ich nur ein mildes Lächeln.

Die Aktion lohnte sich im Nachhinein. Der Küchenboden war jetzt blitzblank. Die drei Teller aus der Spülmaschine mussten noch mal von Hand gewaschen werden, weil sie immer noch voll Schaum waren. Felix und Paul spülten ab diesem Zeitpunkt das Geschirr voller Leidenschaft mit den Händen ab.

Virtueller Tagebucheintrag: Man lernt nie aus.

12. Im Kindergarten

Es hatte sich in der Zwischenzeit herumgesprochen, dass ich mit dem Mund male. Trotzdem überraschte mich der Anruf, den ich eines Tages von einer Kindergärtnerin bekam:

„Hallo, ich bin Thea Bäuerlein. Könnten Sie sich vorstellen, den Mädchen und Jungen in unserem Kindergarten das Mundmalen zu zeigen?"

„Klar, mache ich gerne!", antwortete ich.

„Nächsten Dienstag von 14:00 Uhr bis 16:00 Uhr?", fragte die Dame, wahrscheinlich die Leiterin des Kindergartens.

„Perfekt!", entgegnete ich und schlug mir im selben Moment gedanklich auf die Stirn. Was machst du denn da? Damals war ich größeren Gruppen gegenüber noch recht unsicher und zurückhaltend. Wobei die „Massen" bei mir schon ab vier Personen anfingen. Seit meinem Unfall mied ich Konzerte, Fußballstadien und Kneipen. Und auch später musste ich mich überwinden, wenn eine Ausstellung mit meinen Bildern eröffnet wurde. Doch jetzt hatte ich dieser Kindergartenleiterin zugesagt. Es gab kein Zurück mehr. Was sollte ich bloß zwei lange Stunden mit den Kids machen?

Ich brauchte einen Plan. Ich könnte mich vorstellen, eine Fragerunde machen und schließlich malen. Zum Schluss, so stellte ich es mir vor, sollten die Kinder malen. Entweder mit dem Fuß oder dem Mund. Einen fahrbaren Tisch, auf dem meine kleine Staffelei stand, hatte ich ja schon. Jetzt fehlte mir noch ein Motiv, das schnell zu malen war, um den Kindern zu zeigen, wie ein Bild entsteht. Ich hatte vor einiger Zeit ein Sonnenblumenfeld gemalt. Hinter dem Feld stand eine Kirche. Diese Idylle war von Bäumen und Sträuchern umrahmt. Das war auf jeden Fall ein wunderbares Motiv, um innerhalb von zwanzig Minuten fertig zu werden. Die Grundierung musste zwar schon zu Hause gemacht werden, aber das Wesentliche, der Aha-Effekt, würde erst in der zweiten Farbschicht vor Ort sichtbar.

Ich teilte das Bild gedanklich in zwei Hälften ein. Ein Drittel oben, zwei Drittel unten. Das obere Drittel würde der Himmel werden, in dem am Schluss die bayerische Kirche stehen sollte. In den unteren zwei Dritteln das hell leuchtende Sonnenblumenfeld. Zu Hause bemalte ich den unteren Teil in einem sehr dunklen Blau und den oberen in einem Orangepastellton, der das Blau des Himmels, welches ich aber erst im Kindergarten darübersetzen wollte, noch kräftiger erscheinen lassen würde. Als die dunkelblaue, fast schwarze Farbe getrocknet war, setzte ich mit einem Zehnerborstenpinsel noch verschiedene Grüntöne darauf. So entstand auf der dunklen Fläche eine Wiese. Und dort würde ich dann im Kindergarten die leuchtend gelbe Sonnenblumenwiese tupfen.

Der Dienstag kam schneller, als mir lieb war. Staffelei, Staffeleitisch, Pinsel, Abstreiftuch, Palette und natürlich Farben wurden ins Auto gepackt. Dann ging's los. Als wir vor dem Kindergarten „Schabernack" ankamen, wurde unser Auto schon von unzähligen kleinen Rabauken und Rabaukinnen erwartet. Wie mini und putzig sie doch waren. Kaum war ich aus dem Auto gefahren, bombardierten mich die Kinder schon mit Fragen:

„Bist du der Maler?"

„Wie malst du und wo?"

Eine große Traube von kleinen Menschen versammelte sich um meinen Rollstuhl. Bevor ich antworten konnte, kam Frau Bäuerlein aus dem Gebäude und rief die Kinder zu sich.

„Jetzt lasst den armen Herrn Höllerer doch erst mal reinkommen."

Und so machten wir es. Während mein Zivi Lukas die Malutensilien aus dem Auto holte, rollte ich Frau Bäuerlein hinterher – gefolgt von einer nicht zu überhörenden Kinderschar. Ich fuhr durch bunt geschmückte Gänge, in denen das Leben pulsierte. Zur Linken an der Sandmännchen- und zur rechten an der Mäusezähnchengruppe vorbei, bis wir schließlich in der Räubergruppe landeten.

Der Name war Programm. Hier war was los! Die Kindergärtnerin musste erst mal einen rothaarigen Fünfjährigen von einem wesentlich schwächeren Vierjährigen trennen, der dem Großen angeblich einen Plastiktraktor auf den Kopf gehauen hatte. Mit einem sanften Ruck nahm die Kindergärtnerin den rothaarigen Jungen beiseite. Jetzt gibt es eine Standpauke, dachte ich. Doch stattdessen sagte sie zu ihm: „Da musst du dich wohl geirrt haben, Eddie. Der Traktor ist viel zu schwer für den kleinen Leo. Er kann ihn dir gar nicht auf den Kopf geschlagen haben. Und schau mal, Leo ist doch erst vier Jahre alt. Da fährt man lieber langsame Traktoren. Du bist aber schon große Fünf. Nimm du lieber dieses schicke, schnelle Bobby-Car."

Glücklicherweise akzeptierte Eddie Frau Bäuerleins Ratschlag. Er stieg auf das Bobby-Car, um damit loszubrausen. Aber Klein-Leo wollte in diesem Moment natürlich genau dasselbe. Wutentbrannt hob der anscheinend so schwache Leo den schweren Traktor vom Boden auf und warf ihn Eddie hinterher. Nicht nur Frau Bäuerlein war überrascht, was für eine Kraft der kleine Kerl plötzlich aufbringen konnte, wenn es um Revierstreitigkeiten ging.

In der Zwischenzeit war auch Lukas in der Räuberhöhle eingetroffen. Es brauchte einige Minuten, bis alles aufgebaut war. Die Staffelei kam auf den Tisch, und die Farben auf meiner Palette wurden angerichtet - alles unter Beobachtung von vierzig neugierigen Augenpaaren. Schließlich wurde das vorgefertigte Motiv an die richtige Stelle platziert. Der Traktor und das Bobby Car waren schlagartig uninteressant geworden.

„Kinder, bildet einen Stuhlkreis, und dies ganz leis'", rief die Kindergärtnerin in Reimform. Die Räuber mussten das schon öfters gemacht haben, denn im Nu war ein akkurater Halbkreis von kleinen Zwergenstühlen gebildet, auf denen die Knirpse saßen.

„War ich jemals auch so klein gewesen?", fragte ich mich, während Frau Bäuerlein mich vorstellte und in den höchsten Tönen lobte.

„Das ist Herr Höllerer, ein berühmter Mundmaler. Er ist heute extra wegen euch gekommen. Jetzt wollen wir ihn aber erst mal richtig begrüßen!" Dann hörte ich jubelnde Kinderstimmen, lautes Klatschen und kleine Füße, die auf den Boden trampelten. Ich war gerührt.

„Danke für diese tolle Begrüßung. Ich bin Lars und ..."

„... du malst deine Bilder mit dem Mund", beendete ein kleines Mädchen aus der Runde meinen Satz.

„Genau. Und ich hatte mit einundzwanzig Jahren einen ..."

„... du hattest einen Motorradunfall", unterbrach mich die Kleine abermals.

„Du bist ganz schön gut informiert", sagte ich überrascht.

„Ja, und mein Papa hat auch ein Motorrad", antwortete sie.

„Meiner auch!"

„Meiner auch!", hallte es aus der Zwergenfraktion.

„Und ich darf bei meinem Papa mitfahren!", rief schließlich Eddie, der rothaarige Fünfjährige.

„Kinder dürfen gar nicht mitfahren!", widersprach der kleine Leo.

„Darf ich wohl!", schrie Eddie sichtlich betroffen. Bevor ich weiterreden konnte, meldete sich klein Norbert, der wie alle anderen ein selbst gestaltetes Namensschild trug.

„Mein Papa hatte auch schon einmal einen Motorradunfall."

„Ich hoffe, es ist nichts passiert?", fragte ich.

„Ein Gipsbein", erwiderte der Kleine, worauf sechs weitere Zwerge die Krankengeschichten ihrer Eltern erzählten. Wenn das so weiterginge, würden die zwei Stunden um sein, ohne dass ich einen einzigen Strich gemalt hätte. Aber Frau Bäuerlein kam mir zur Hilfe und sagte: „Jetzt lasst mal Lars zu Ende erzählen."

„Aber ich weiß doch schon alles", protestierte das kleine Mädchen von vorhin, das wahrscheinlich ein Doppelleben als Geheimagentin führte und umfangreiche Recherchen über mich angestellt hatte. So machte ich dem Mädchen eine Freude und versuchte, meine Lebensgeschichte in kurzweiliger, kindgerechter Form zu erzählen. Dann kam die Fragerunde.

„So, Kinder, jetzt bin ich mal gespannt, was euch interessiert", sagte Frau Bäuerlein und fügte hinzu: „Aber nicht alle durcheinander. Arm heben, und wenn Lars sagt:" Du bist dran", darf derjenige seine Frage stellen."

Ich staunte nicht schlecht. Und weil ich der Kindergärtnerin nicht in den Rücken fallen wollte, nahm ich den kleinen Peter, der zuerst die Hand hochgestreckt hatte, auch als erstes dran.

„Fährt dein Rollstuhl mit Diesel oder Benzin?"

„Der ist atombetrieben. Hat ja auch die NASA konstruiert", antwortete ich, lachte und vergaß ganz, dass ich es hier mit Fünfjährigen zu tun hatte. Lukas, mein Freiwilliger, sagte dazu nur: „Wenn du die Fragen weiter so beantwortest, behalten sie dich gleich hier." Alle lachten.

Ein Mädchen streckte den Arm aus. „Warum malst du denn nicht mit dem Bauchnabel, wenn du schon mit dem Mund malst?"

Da war selbst Lukas mit seinem Latein am Ende. Mir fiel dazu auch nicht mehr ein als zu sagen: „Wenn du es mir vormachst, versuche ich es auch."

Dann wollte Leo, der vierjährige Traktorwerfer wissen, wie ich aufs Klo gehe.

„Da hilft mir Lukas", antwortete ich ausweichend.

„Und wie putzt du dich ab?" Leo war hartnäckig. Das hatte er bestimmt in der Kinderserie Sesamstraße gelernt. Nach dem Motto: Wer? Wie? Was? Wieso? Weshalb? Warum? Wer nicht fragt, bleibt dumm.

Kinder waren in dieser Hinsicht so oder so gnadenlos. Wenn sie etwas interessierte, fragten sie, egal ob das „ladylike" war oder nicht.

„Das mache ich genauso wie du, Leo", versuchte ich mich aus der Situation zu retten.

„Das kannst du gar nicht", bekam ich zur Antwort.

„Dann wird das wohl ein anderer machen." Jetzt musste er aber zufrieden sein, dachte ich, doch ich hatte mich zu früh gefreut.

„Dann machst du das, Lukas?", hakte Leo nach, und blickte neugierig zu meinem Freiwilligen.

„Ertappt!", sagte dieser und damit war unser kleiner Journalist zufrieden.

„Hast du Kinder?", hörte ich ein zierliches Mädchen mit leiser Piepsstimme fragen. Bärbel hatte sich zwar nicht mit

Handzeichen gemeldet, aber ich nahm sie sofort dran, bevor Leo, der angehende Journalist, weitere Fragen stellen konnte.

„Nein! Kinder habe ich nicht."

„Dann magst du keine Kinder?", hakte das Mädchen nach.

„Natürlich mag ich Kinder, aber ..."

„Wieso hast du dann keine?", unterbrach mich einer der Räuber. Ich kam mir wie in einem Kreuzverhör vor. Schlechtes Gewissen kam in mir auf. Warum hatte ich keine Kinder?

Glücklicherweise griff Frau Bäuerlein in das Geschehen ein, und rettete mich aus der Situation: „Jetzt sind erst mal die anderen Kinder mit Fragen dran", sagte sie und zeigte auf Peter, der gerade in der Nase bohrte. Peter hatte sich nicht gemeldet und überlegte deshalb sichtlich angestrengt.

„Wie kratzen Sie sich an der Nase?", fragte er nach gefühlten fünf Minuten. Wenigstens eine normale Frage, dachte ich. Weitere folgten:

„Wie schläfst du?"

„Wann gehst du ins Bett?"

„Was ist dein Lieblingsessen?"

„Magst du Schokolade?"

„Bist du traurig, weil du nicht laufen kannst?"

„Kennst du Pokémon?"

„Kennst du die Gummibärenbande?"

„Kennst du Lucky Luke?"

Wenigstens bei Lucky Luke konnte ich wahrheitsgetreu mit „Ja!" antworten. Viele der Fragen zeigten mir aber, dass ich ganz schön alt geworden war. Weder „In einem Land vor unserer Zeit", noch „Die Mini-Playback-Show" hatte ich gesehen.

„Wann malst du denn endlich?", fragte das Mädchen mit der Piepsstimme. Das war der Weckruf für die anderen, und die restlichen sechs Hände, die sich zuvor gemeldet hatten, fielen wie Blei herunter. Frau Bäuerlein blickte in die Runde.

„Keine Fragen mehr?" Als keines der Kinder antwortete, sagte ich: „Gut, dann wollen wir mal loslegen" und fuhr zur Staffelei. Lukas gab mir den schmalen Pinsel in den Mund, sodass ich die Kirche skizzieren konnte.

„Ihr könnt ruhig näherkommen", rief ich, um schon im selben Moment den warmen Atem mehrerer kleiner Räuber im Genick zu spüren.

„Nicht so nah, Kinder", tadelte Frau Bäuerlein die Kleinen, die um den besten Platz kämpften. Ich hatte noch nicht den ersten Strich gesetzt, da fragte der kleine Journalist auch schon: "Wie teuer ist denn ein Bild von dir?"

„Da kannst du dir einige Schokolade davon kaufen", erwiderte ich und begann zu malen. Dann hörte ich nur noch „Aaahs" und „Ooohs".

„Der malt aber schön, das kann ich nicht mal mit den Händen!"

„Ich auch nicht", antwortete ich.

Das kleine Bild war fertig. Meine Deadline von zwanzig Minuten hatte ich nicht überschritten. Die Räuber und Frau Bäuerlein waren begeistert.

„So Kinder, jetzt seid ihr an der Reihe", sagte ich, und fuhr von der Staffelei zurück. Eddie, Leo, Norbert und der Rest der Meute rannten an ihre Tische und nahmen den jeweiligen Zwergenstuhl gleich mit sich. Ganz im Rausch der kindlichen Begeisterungsfähigkeit gab es kein Links und kein Rechts mehr. So rannte klein Susi gegen Leo und das zierliche Mädchen wurde aus Versehen vom dicken Fritz umgestoßen. Die Lautstärke ähnelte der auf einem Rock-Konzert. Frau Bäuerlein hatte auf den Tischen für jedes Kind einen Malblock, Farben und Wasserbecher parat gestellt. Diddl-Maus-Pullover wurden hochgekrempelt und „Ich-bin-Mamas-Liebling"-Schürzen umgebunden. Ganz Mutige zogen sich die Schuhe und Socken aus und versuchten, mit dem Pinsel zwischen den Zehen den wassergefüllten Joghurtbecher zu treffen. Meist jedoch ohne Erfolg. So glich die Räuberhöhle schon bald mehr einem Schwimmbad.

Frau Bäuerlein war sichtlich überfordert und rief irgendwann um Hilfe. Eine weitere Kindergärtnerin, die glücklicherweise freigestellt werden konnte, half ihr im immer größer werdenden Chaos. Beide wechselten sich nun damit ab, den Fußboden trocken zu halten, die Farbspritzer von den Gesichtern der Kinder zu entfernen und die Kleidchen und Latzhosen der Räuber einigermaßen im Originalzustand zu belassen. Es war süß mit anzusehen, wie die beiden zuvor zerstrittenen Jungs, Eddie und Leo, sich brüderlich ein Blatt teilten und das zierliche Mädchen ein überdimensionales Herz malte, das halb auf dem Blatt, halb auf dem Tisch zur Vollendung kam.

Alle waren wild und eifrig bei der Sache. Jedes Kind versuchte angestrengt und akkurat, mit dem Pinsel im Mund den Kopf dorthin zu führen, wo die bunte Farbexplosion auf dem Blatt entstehen sollte. Manchmal war mir aber auch bange, wenn kleine Köpfe sich abrupt herumdrehten und die darin steckenden überdimensionalen Pinsel die Augen und Gesichter der Spielkameraden oft nur um Millimeter verfehlten. Glücklicherweise ging fast alles gut, bis auf Leo, der einem Mädchen einen gut gefüllten Becher mit Farb-Wasser-Gemisch über ihr neues Kleidchen schüttete. Das störte die Konzentration der Kleinen aber nur kurz. Alle waren jetzt kleine Mundmaler und Mundmalerinnen. Nur Waltraud, ein Mädchen, das so aussah, als ob es lieber Schokolade und Kekse im Mund hatte als einen Pinsel, verlegte sich nach drei gescheiterten Versuchen wieder auf das Malen mit der Hand. Jedes Mal, wenn Frau Bäuerlein wegschaute, zog sie den Pinsel aus dem Mund und malte mit der Hand an ihrer Blumenwiese weiter. Manche Kinder taten es ihr nach und malten wieder mit der Hand. Das brachte wiederum klein Susi dazu, wie wild den Arm zu heben und Waltraud und die anderen Handmaler zu verpetzen.

Ich fuhr von Tisch zu Tisch und begutachtete die Bilder, überrascht von den vielen kleinen Meisterwerken, die die Räuber zustande brachten. So manches Kind hatte wirklich Talent. Ich war heilfroh, dass sie noch so jung waren, sonst hätten sie mich fix an die Wand gemalt. Ich wurde für einen Moment von der Vergangenheit eingeholt und erinnerte mich meiner malerischen Anfänge.

Die Zeit verging wie im Fluge. Fünfunddreißig Räuber mit dem Pinsel im Mund und vier bis fünf heimliche Handmaler waren voller Eifer bei der Sache. Dann war es 16:00 Uhr. Frau Bäuerlein rief die Rasselbande auf, ihre Sachen zu packen und ihren Tisch aufzuräumen. Das klappte wider Erwarten richtig gut. „Jetzt machen wir noch ein Schlussbild! Natürlich mit euren Kunstwerken", rief die zweite Kindergärtnerin und platzierte die kleinen Menschen, die ich in diesen zwei Stunden richtig liebgewonnen hatte, um mich und meinen Rollstuhl herum. Jeder hob sein buntes Werk in die Kamera, es wurde „Spaghettiiiiiiiiiiii!" gerufen, und alle lachten. Es war ein unvergesslicher Nachmittag.

Bevor ich den Kindergarten verließ, fragten mir Eddie, Leo und die anderen Jungs noch ein Loch in den Bauch: Wie schnell der Rollstuhl sei, was er alles kann, wie breit die Reifen sind und warum das Display auf der rechten und nicht auf der linken Seite befestigt war – eben richtige „Jungsfragen". Danach rüttelten und schüttelten sie an jedem noch so sensiblen Teil meines Rollis, bis ich Angst hatte, nur noch auf zwei Rädern nach Hause fahren zu können. Glücklicherweise kam mir auch da Frau Bäuerlein zur Hilfe und eskortierte mich sicher zu meinem Auto. Klein Leo legte mir noch das abgerissene Display auf den Schoß. Die Türe schloss und wir fuhren vom Kindergartengelände.

Eine Woche später rief mich Frau Bäuerlein an und erzählte mir eine süße Geschichte: „Stellen Sie sich das mal vor", sagte sie, "gestern kam eine Mutter auf mich zu, deren Tochter bei Ihrer Malvorführung dabei gewesen war. Sie berichtete mir, dass ihre Tochter hellauf begeistert war und schließlich sagte: ‚Mama, der Mundmaler war so nett. Den möchte ich später einmal heiraten!'"

Ich musste laut loslachen. Sollte ich sie in zwanzig Jahren noch mal darauf ansprechen?

Virtueller Tagebucheintrag: An der Ehrlichkeit und Offenheit der Kinder sollten sich manche Erwachsenen ein Beispiel nehmen.

13. Klaus und die Polizei

Vor meinem Unfall hatte ich ja auch gemalt. Recht selten, aber mit Freude an der Sache. Im Kindergarten, in der Schule, selbst in der Freizeit.

Meine Mama arbeitete damals als Sekretärin. Sie war alleinerziehend. Meine Eltern trennten sich, als ich ein fünf Jahre alter Steppke war. So lebten wir, Petra, meine ältere Schwester, Mama und ich in einem Mietshaus mitten in der Stadt, bis ich meinen Unfall hatte und sich mein Leben änderte. Mein wohnliches Umfeld auch. Einerseits, weil meine Mama berufstätig war, andererseits wohnten wir im vierten Stock. Ohne Aufzug. Für einen Rollstuhlfahrer war das eine „Mission impossible". Laufen ging nicht mehr. Treppensteigen noch viel weniger. Blieb noch die Möglichkeit, sich mit den Zähnen die Treppen hochzuziehen. Mehr wäre da wohl nicht drin gewesen. Ich versuchte es nicht. Eine schwache Leistung. Ich weiß.

Aber ich bin Realist. Wie schon erwähnt, bot sich glücklicherweise mein Papa an, einen behindertengerechten Anbau an sein Haus zu zimmern. Wie dankbar ich dafür bin!

Vier Jahre nach meinem Unfall: Es war Wochenende in meinem neuen Zuhause. Und Wochenende hieß, Mama war bei mir. Meine Jungs natürlich auch. Mum unterstützte sie in allen Bereichen. Sei es bei der Pflege, beim Putzen oder beim Kochen. Klaus, mein Zivi, hatte in diesen Tagen Dienst. Er war ein sportlicher junger Mann. Den Frauen und dem Feiern nicht abgeneigt. Seine Eltern hatten einen Bauernhof. Er wusste, was Arbeit bedeutete.

Gegen 20.00 Uhr räumte Klaus noch seine Sachen auf, während er fast beiläufig erwähnte, dass er heute Schankwirt am Stand vom FC Cemptington sei. Er war fußballverrückt. Auf dem Platz und auch daneben. Der FC Cemptington war sein Verein. Er spielte in der Abwehr. Nicht gut, aber er spielte. Heute war Fastnachtsanfang. Im Süddeutschen nennen wir sie „Fasnet". Das Fest, an dem sonst seriöse Menschen auf einmal Prinzessin, Räuber oder „Laufende Bockwurst" sein wollten. Fastnacht fand ich als Kind auch wunderbar und das blieb mir, bis ich einundzwanzig war. Es endete erst mit meinem Unfall. Wer jedoch ein richtiger Narr ist, der steht noch mit neunundneunzig mit roter Clownsnase und Ringelsocken auf der Straße, fängt Karamellbonbons, wenn der Festwagen vorbeizieht und schreit „Narri-Narro!", „Helau!" oder „Alaaf!"

Jetzt als Rollstuhlfahrer war mir dieses Treiben zu viel. Die Kälte. Die vielen Menschen. Das war nicht mehr meine Welt. Als „Laufende Bockwurst" würde ich nicht mehr durchgehen und den gespielten Rollstuhlfahrer nahm mir auch keiner mehr ab. Den bunten Hund hätte man gleich erkannt. Formel-1-Fahrer mit selbst gebastelter Autokarosserie, aus Pappkartons versteht sich, wäre noch eine Möglichkeit gewesen.

Doch selbst dann würde ich heute die warme Wohnung dem Trubel vorziehen.

Klaus liebte dieses pulsierende Leben. Er liebte das Fest und er liebte das Feiern. Klaus beim Ausschenken von Alkohol ... das konnte nicht gutgehen! Ich stellte ihn mir als Schankmeister vor, wie er die Bestellung seines ersten Gastes aufnehmen würde: „Hallo, was möchtest du trinken?", würde er wohl fragen.

„Bitte ein Bier!", würde der Gast höchstwahrscheinlich antworten und das Unheil so seinen Lauf nehmen. Ein Bier wurde bestellt und zwei gezapft. Eins über die Theke geschoben und das andere gleich selbst getrunken. Zur Belohnung für die schwere Arbeit hinter der Theke ... Gerechtigkeit musste sein! Und deshalb noch einen „Kurzen" hinterher. Wenn Klaus dieses Spiel konsequent durchziehen würde und ich war mir sicher, dass er das tun würde, musste man sich nicht wundern, dass man am Ende des Abends *mehr* als 0,0 Promille im Blut hatte. Mein Zivi war in dieser Disziplin ein Langstreckenläufer. Das Ende war also abzusehen.

Ich wünschte Klaus einen schönen Abend und entließ ihn mit den Worten: „Wäre schön wenn ich dich morgen wieder heile zurückbekäme!"

„Kein Problem, Lars!", antwortete er, und schob noch hinterher: „Du kennst mich doch!"

Den zweiten Satz hätte er weglassen sollen. Jetzt war ich wirklich beunruhigt.

Am nächsten Morgen, meine Mama war schon aufgestanden, hörte ich ein Rascheln an der Haustür. Es war Punkt 7:30 Uhr.

„Wunderbar", dachte ich. Es ist Fasnet und Klaus ist pünktlich. Kompliment! Doch was war das? Die Haustür öffnete sich nicht, stattdessen hörte ich wieder nur dieses Rascheln. Aus dem Rascheln wurde ein Klimpern. Klaus musste der

Schlüssel aus der Hand gefallen sein. Bis dahin hatte ich noch keinen Verdacht geschöpft. Draußen wurde es still und wenig später raschelte es erneut. Der Schlüssel, so hörte es sich an, landete abermals auf dem Boden.

Meine Mutter lachte, und sagte: „Also entweder ist das der dümmste Einbrecher der Welt oder Klaus."

„Oder der betrunkene Klaus", ergänzte ich. „Mama, geh bitte an die Tür und zeig Klaus den Weg zu seiner Arbeitsstelle." Ich war sauer, atmete tief durch und schloss die Augen. Schließlich versuchte ich, mich mit einer kurzen Meditation zu zentrieren. Zwanzig Sekunden würden hoffentlich dafür reichen.

Meine Mutter öffnete die Türe. Absolute Stille. Gefolgt von lautem Lachen. Ich hörte ein Wirrwarr aus Stimmen.

„Klaus, wenn das funktionieren soll, darfst du nicht den Fahrradschlüssel ins Türschloss stecken. Versuch's doch mal mit dem Haustürschlüssel!" Dann erneutes Lachen. Nach diesem Satz war ich auf alles gefasst, nicht aber auf einen nüchternen Klaus.

„Kommt erst mal rein ihr zwei Nachteulen. Ihr riecht ja wie ein ganzes Bierlager", hörte ich Mama sagen. Ein leises Klopfen an meiner Zimmertür.

„La - ha - rsiiiiii! Guten Morgen!", rief Klaus. Sichtlich bemüht, wenigstens diesen Satz ohne Lallen über die Lippen zu bekommen.

Der Versuch scheiterte. Drei Paar Schuhe samt Personen darin kamen die Treppe herunter: Mama, Klaus und Sebastian. Klaus hatte Sebastian auf dem Fest getroffen und gleich mitgebracht. Sebastian war ein Freund von uns beiden. Wir hatten früher den einen oder anderen lustigen Abend in unserer Stammkneipe verbracht. Jetzt standen die beiden vor mir. Händchenhaltend. Besser gesagt, sie umklammerten sich wie ein frischverliebtes Pärchen auf einer Teenagerparty.

„Wollt ihr mit dem Kuscheln eure Standfestigkeit sichern? Oder sollte ich etwas wissen, was ich noch nicht weiß?", fragte ich belustigt.

„Die Standfestigkeit sichern", erwiderte Sebastian und schwankte im selben Moment mit Klaus nach links.

„Klappt ja prima", sagte ich.

Meine kleine Mutter hatte sichtlich Mühe, die zwei großen Jungs wieder ins Lot zu schieben. Erst jetzt bemerkte ich das seltsame Outfit von Klaus. Mein Blick wanderte über seine lustig bunten Turnschuhe. Seine Beine steckten in blau-weiß gestreiften Strumpfhosen. Darüber hatte er einen knielangen, roten Wollrock gezogen. Es folgte ein außergewöhnlich hässliches Oberteil, das von einer scheußlich gelben Zopfperücke getoppt wurde.

„Kompliment Klaus. Es ist Fasnet. Aber so verunstalten hättest du dich nicht brauchen", sagte ich.

Seine rot geschminkten Lippen und das vom Kajalstift verschmierte Gesicht bemerkte ich erst danach. Sebastian war ähnlich stilvoll zugerichtet.

„Setzt euch erst mal auf die Stühle. Ich mache euch einen starken Kaffee", schlug meine Mutter vor.

Wenig später stand das dunkle Getränk auf dem Tisch. Klaus und Sebastian nahmen einen kräftigen Schluck.

„Dieser Kaffee verdient den Namen „Löffelsteher", sagte Sebastian.

„Echtes Kreislaufgold. Das würde sogar den lahmsten Ackergaul zum Rennpferd machen", bestätigte Klaus.

Klaus machte jedoch nach zwei Tassen immer noch den Eindruck eines lahmen Gauls.

„Wie seid ihr in diesem Zustand überhaupt hierhergekommen?", fragte ich neugierig.

„Vitamin B!", antwortete Klaus, und schlürfte weiter seinen Kaffee.

„Vitamin B?", fragte ich verwundert.

„Ich hab' Harald auf dem Fest getroffen. Der hat uns gefahren."

„Wer ist Harald? Und war der genauso betrunken wie ihr?"

„Nein, der hatte hundert Prozent 0,0 Promille im Blut." Klaus lachte.

„Da lege ich meine Hand ins Feuer!", murmelte Sebastian, der gerade wieder aufgewacht war.

Jetzt war ich schlauer. Ich wusste weder, wer Harald war, noch konnte ich mir erklären, warum die Zwei so viel Vertrauen in dessen Alkoholabstinenz hatten. Vier Tassen Kaffee später klärte mich Klaus schließlich doch noch auf: Harald war ein guter Kumpel. Sie spielten im selben Fußballverein. Klaus in der Abwehr. Harald im Tor. Von Beruf war er Polizist. Wie es der Zufall wollte, hatte er heute Dienst. Klaus, der weder wusste, wo sein Auto, noch sein Autoschlüssel war, torkelte daher mit letzter Kraft auf die Polizeistation zu. Dort traf er auf Sebastian, dem man seinen Geldbeutel gestohlen hatte.

„Hallo Harald. Heute als Polizist verkleidet?", scherzte Klaus, als er die Wache betrat.

„Hallo Klaus. Geht doch nichts über einen scharfen Verstand. Du solltest zur Kripo gehen. Was gibt's?"

„Ich finde mein Auto nicht. Ich bin etwas betrunken und muss zur Arbeit."

„Was hab' ich damit zu tun?", fragte Harald gelangweilt.

„Entweder du fährst mich zu meinem Dienst oder ich klaue ein Auto", drohte Klaus spaßeshalber.

Das, so schien es, wollte Harald nicht riskieren. Ich musste schmunzeln. Harald hätte ihn gehen lassen können. Mein Zivi war in seinem Zustand nicht mal in der Lage ein Bobby-Car zu klauen. Am Ende wurden Klaus und Sebastian an diesem Morgen wie zwei straffällige Jugendliche mit einer Polizeistreife vor meiner Haustür abgesetzt. So saßen die beiden betrunkenen Jungs nun einmütig, aber schwankend vor mir.

Mein kleines Zimmer füllte sich mit dem Geruch von feurigem Kaffee, abgestandenem Bier, ein klein wenig Schnaps und einer Portion Männerschweiß.

Als Klaus endlich seine sechste Tasse Kaffee getrunken hatte, rappelte er sich mühsam auf. Mit einer Hand auf den Tisch gestützt, griff er mit der anderen zur Sicherheit nach dem Holzregal, das glücklicherweise in seiner Reichweite befestigt war.

„Ich hole mal den Duschstuhl", flüsterte er mit heiserer Stimme und kam wenig später, gebeugt über dem Duschstuhl aus dem Badezimmer.

"Mann, ist mir schlecht!", jammerte Klaus.

„Was für ein Wunder!", dachte ich und sagte: „Danke, mein Held, dass du trotzdem gekommen bist. Hättest auch krankmachen können. Dafür gibt es eine Eins mit Sternchen von mir."

„Sternchen sehe ich auch", klagte Klaus. Langsam tat er mir ein bisschen leid.

Meine Mama setzte mich heute sicherheitshalber in den Duschstuhl. So viel Vertrauen zu meinem 2-Promille-Zivi hatte ich nun auch nicht. Klaus übernahm mich dafür vor dem Duschen und schob mich, gestützt von meiner Mama, ins Badezimmer.

„Schau mal Lars, was für schöne rote Fingernägelchen ich habe." Dabei hielt er mir seine Hand wie eine Dame zum Handkuss bereit vor die Nase.

„Das ist rosa, junges Fräulein", sagte ich.

„Rot halt", widersprach Klaus. Wenigstens dazu hatte er noch Kraft.

Ich schüttelte den Kopf. Mein Zivi lackierte sich doch glatt die Fingernägel mit dem Nagellack seiner Schwester.

„Ich sollte ein Nagelstudio eröffnen", rief Klaus, sichtlich begeistert von seiner Maniküre-Kunst. Ich schüttelte erneut den Kopf.

Ich weiß nicht, wie er es geschafft hat, an diesem Vormittag wach zu bleiben. Das Duschen funktionierte wider Erwarten unfallfrei. Auch das Handtuch fand er nach fünf Minuten an seinem gewohnten Platz. Am Ende lag ich nach einer halben Stunde blütenrein und parfümbespritzt in meinem Bett. Ich schätze, seine rosa Fingernägel haben mich gerettet.

„Schau mal Lars, was für schöne rote Fingernägelchen ich habe", wiederholte er immer wieder.

Und heute? Klaus feierte gerade seinen zehnten Hochzeitstag. Er hat zwei Kinder und arbeitet als Konstrukteur in einer Firma, die Maschinen herstellt, die PET-Flaschen vernichtet und entwertet.

Virtueller Tagebucheintrag: Das nenne ich konsequent. Er ist den Flaschen treu geblieben.

14. Ich war nie ein guter Fahrer

Ich hätte wohl öfter den „Polizei-Mitfahr-Service" von Klaus in Anspruch nehmen sollen. Ich bin nicht umsonst im Rollstuhl gelandet, obwohl ich bei meinem Unfall 0,0 Promille hatte. Aber ich war eben nie ein guter Fahrer. Alles, was zwei oder mehr Räder hatte, machte ich kaputt. Mein Fortbewegungsmittel bestand dann meist nur noch aus Einzelteilen. Fantasie war gefragt, um den früheren Gegenstand zu erkennen. Meine „Bruchpilotenkarriere" fing schon im Kindergarten an. Hätte mein Buggy Lenkrad und Gaspedal gehabt, hätte man für nichts garantieren können. Auch nicht für mich als Baby im Kinderwagen. Man stelle sich die Szene bildlich vor:

Meine Mutter rennt schreiend meinem hellblauen Kinderwagen hinterher. Es hilft nichts. Ich schalte in den zweiten Gang und gebe Gas. Mit einem breiten Grinsen fege ich „klein Willi" und „klein Fritzchen" von der Schaukel. Schließlich bleibe ich mit durchdrehenden Reifen im Sandkasten stecken. Der kleine Fuß tritt immer noch wie wild auf das Gaspedal. Sand fliegt in die Luft. Dann der Griff: Mama hat den Kinderwagen erreicht. Sie macht den Motor aus, und reißt mir den Schlüssel aus der Hand.

Glücklicherweise nur ein Gedankenspiel. Irgendwann war ich meinem hellblauen Kinderwagen entwachsen. Ich stand jetzt auf eigenen kleinen Beinen. Mehr oder weniger sicher.

Weihnachten 1974: Meine Tante war zu Besuch. Sie rauchte. Ich rannte ihr entgegen. Sekunden später hatte sie mich im Arm und ich ihre Zigarette im Auge. Das Resultat: Ein dicker Verband im Gesicht und ein geschwollenes Auge.

Meine Schmerzen waren schnell vergessen. Zwei Tage später spielte ich schon wieder als wäre nichts gewesen. Ich war jetzt ein Seeräuber. Eine Augenklappe hatte ich ja schon. Nur ein standesgemäßes Piratenschiff fehlte mir zum richtigen Kapitänsdasein noch. Das Schiff war schnell gefunden: Ein umgedrehter Küchentisch und ein darüber geworfenes Bettuch. Das nächste Missgeschick war vorprogrammiert: Ich stolperte auf dem Schiff und fiel. Mein Kopf krachte gegen das Tischbein oder besser gesagt gegen den vorderen Seeräuber-Segelmast. Den Heiligen Abend verbrachte meine Familie im Krankenhaus. Statt Weihnachtsgeschenke gab's eine Gehirnerschütterung mit gratis Loch im Kopf dazu.

Es ging fröhlich so weiter ... Einmal stolperte ich über meine eigenen Beine und brach mir den Arm. Ein anderes Mal fuhr ich mit dem Fahrrad gegen einen Bordstein, inklusive Freiflug über den Lenker mit schmerzhafter Landung. Zwei Wochen Krankenhaus waren die Folge.

In der Schule glänzte ich, genau wie im Privatleben, durch Ungeschicklichkeit und Unfälle. Beim Schulwandertag schlug ich mir aus Versehen eine Plastiktüte gefüllt mit Coladosen auf den Kopf und auf dem Sportschulfest rannte mir „klein Frederic" ins Fahrrad. Statt einer Medaille trug ich meine Gehirnerschütterung Nummer vier davon.

Im Laufe der Jahre kamen noch mehrere Löcher im Kopf dazu. Einen Vorteil hatte meine Ungeschicklichkeit: Kam ich mal mit einer Fünf nach Hause, schob ich das auf meine zahlreichen Kopfverletzungen.

Die Pubertät kam und die Unfälle blieben. Im Teenageralter konnte ich schon auf eine kleine Krankenhauskarriere zurückblicken. Mein Bobby-Car stand inzwischen verwaist in der Ecke. Die motorisierten Fahrzeuge waren jetzt interessanter. Ein wunderschöner gelber Käfer Baujahr 1970 war mein erstes Baby. Zusammengespart durch eine abendliche Putzstelle. Die Schule lief nebenher. Ich war achtzehn Jahre alt und übermütig. Besetzt mit vier Freunden, brauste ich mit dem armen kleinen Käfer rückwärts in ein Maisfeld.

Das Ende des Ford Taunus Baujahr 72 war ähnlich. Mit dem Unterschied, dass der Ford sein Dasein nicht in der Natur, sondern auf einer vierspurigen Straße beendete. Die zuvor gekaufte „Vespa 200" machte einen Hochstart, weil ich das Gewicht meines korpulenten Freundes beim Gas geben nicht mitberechnet hatte. All diese Fahrzeuge gaben wegen meiner pubertierenden Hormone irgendwann den Geist auf.

Am Ende passierte der Motorradunfall mit meiner Honda 600, auf einer Strecke mit zahlreichen Kurven und nur einem einzigem Baum weit und breit. Genau diesen Baum suchte sich mein Genick aus. Meine Rollstuhlkarriere begann. Was konnte jetzt, da ich im Rollstuhl saß, noch großartig schiefgehen? Nichts, sollte man meinen, bei einem Gefährt, das gerade mal mit 6 km/h durch die Gegend fährt ...

Es war Samstag. Ich saß an der Staffelei und malte. Ein Landschaftsbild. Ein Motiv vom Bodensee. Blauer Himmel. Eine Kirche. Und viel Wasser. Noch immer war ich begeisterter Maler. Die Malerei war wie ein Fels in der Brandung meines Lebens. Es war meine große Leidenschaft geworden. Über die Jahre hinweg hatte ich schon die eine oder andere kleine Ausstellung organisiert. Als mich Martina, eine Freundin, fragte, ob ich nicht mal Lust hätte, mit ihr zu der nahe gelegenen Kunstakademie zu gehen, willigte ich begeistert ein. Das war 1997. Dort lernte ich nicht nur die Ölmalerei von der Pike auf kennen, sondern auch verschiedene Maltechniken, Kunstgeschichte und die Farbenlehre. Und schließlich, was man so braucht, um eine gemalte Kuh von einem gemalten Haus zu unterscheiden.

Ich betrachtete das Landschaftsbild. Irgendetwas fehlte noch. Der Pinsel tauchte in Violett, Dunkelblau und Weiß ein. Die weichen Borsten berührten das Bild. Zwei, drei Striche. Schon besser, dachte ich. So saß ich also vor dem noch nicht fertigen Bodenseebild. Mein Zivi war in die Mittagspause gegangen, und meine Mama zauberte in der Küche eines meiner Lieblingsessen: Gulasch mit Spätzle. Gestern hatte ich meinen neuen Rollstuhl bekommen, der, nicht mehr wie früher, mechanisch funktionierte, sondern mit einer Sondersteuerung. Die einzelnen Fahrstufen waren mit dem Computer programmiert worden. Komfortabler und ruckelfreier sollte es jetzt über die Lande gehen. Ich hatte den Rollstuhl in Zitronengelb bestellt. Ein ähnliches Gelb, wie es Ferrari für seine Autos verwendete, nur mit dem kleinen Unterschied, dass mein Rollstuhl 270 km/h langsamer fuhr.

Meine Mutter deckte den Tisch für drei Leute. Petra, meine Schwester hatte sich angekündigt. Es läutete an der Haustür. Mama ging nach oben, öffnete die Tür und begrüßte meine Schwester. Lautes Lachen und Geschnatter.

„Typisch Mädels. Das kann länger dauern", dachte ich. Ich nahm den Pinsel von der Spezialkonstruktion, die mein Papa für mich gebastelt hatte. Man musste kreativ sein, um Dinge zu bewerkstelligen, die man sonst mit der Hand machen konnte. Viele Dinge gab es für Behinderte einfach nicht zu kaufen. In diesem Fall waren es zwei Holzplatten, auf denen man Farben, aber auch Pinsel ablegen konnte. Simpel, aber kreativ. Und mein Papa hatte glücklicherweise den kreativen Kopf dazu. Er war so etwas wie der Fischerdübelerfinder für Behinderte sozusagen.

Durch einen Knopf an meiner Rückenlehne konnte ich den Joystick zum Fahren vor mein Gesicht schwenken. Noch war ich nicht sehr geübt mit meinem neuen, 6 km/h schnellen Ferrari. Jeder Rollstuhl hatte so seine Eigenheiten. Der eine war wie ein wilder Stier und der andere wie eine lahme Ente. Mit diesem Wissen steuerte ich langsam auf die Staffelei zu. Mit Pinsel und Joystick gleichzeitig im Mund waren meine Bewegungen leider nicht sehr präzise. Das dicke Ende war absehbar. Und so kam es auch: Ein unachtsamer Moment, und ich fuhr mit großer Wucht auf die Staffelei zu. Statt den Joystick loszulassen, drückte ich ihn weiter in Fahrtrichtung. Das war keine gute Idee. Mit einem lauten Krach kippte die Staffelei um, und fiel in meine Richtung. Geistesgegenwärtig riss ich den Kopf herum. Mit dem Pinsel im Mund stützte ich nun die fünf Kilogramm schwere Staffelei ab. Eine wahre Heldentat. Doch nicht wirklich clever.

Da saß ich nun. Der Pinsel drückte gegen meine Zähne. Geküsst hatte ich schon länger nicht mehr. Aber musste es denn ein Pinsel im Rachen sein? Kurz überlegte ich, ob ich schreien sollte, doch diesen Gedanken verwarf ich recht schnell. Wäre doch der Pinsel direkt durch meine Wirbelsäule gestoßen, und hinten am Genick wieder ausgetreten. Manchmal hatte es wirklich Vorteile, etwas bis zum Ende zu denken.

Den ersten großen Schock überwunden, bemerkte ich das kleine Tintenfass. Es stand gefährlich nahe auf dem gekippten Staffeleitisch. Was für ein Glück, dass es bei der Aktion nicht heruntergefallen war. Wie auf Kommando rutschte es im selben Moment über die Tischkante, schlug auf dem Boden auf, und zersplitterte in tausend Teile. Schlagartig verfärbten sich die terracottafarbenen Fliesen in eine schwarze Fläche. So musste ein schwarzes Loch im Weltall entstehen.

Innerhalb von zwei Minuten trocknete die nasse Stelle und bildete jetzt einen gleichmäßigen matten Belag. War dies ein gutes oder schlechtes Zeichen? Ich tippte auf Zweites. „Alles

Kindergarten", dachte ich. Dieses Problem war rudimentär gegen die gekippte Staffelei, die ich verzweifelt mit dem Pinsel im Mund auf Abstand hielt. Ein Königreich für eine Gesichtsmassage! Die Kaumuskelentzündung war vorprogrammiert.

Der Pinsel rutschte tiefer und tiefer in meine Mundhöhle. Meine Gedanken kreisten. „Nur nicht gähnen! Nur nicht husten! Und Rülpsen? Nur nicht rülpsen!"

Einen Stock weiter oben hörte ich Lachen. Wenigstens sie hatten Spaß. Und das während ihr Bruder und Sohn bei „einer Pinselschlucker-Aktion „hops" geht.

Nach zwei weiteren endlosen Minuten hatten sie ihre Begrüßung beendet. Inzwischen war mein Pinsel bis zur Hälfte in meinem Mund verschwunden. Petra und meine Mama hatten es wirklich fertiggebracht, sich zehn Minuten zu begrüßen. Respekt! Das bestätigte endgültig meine Regel:

Männerbegrüßung: „Hallo Peter" – „Hallo Lars".

Frauenbegrüßung: „Hallo Petra" – „Hallo Renate" + „Ach, wusstest du schon …?" + zehn Minuten.

Petra und Mama betraten das Zimmer. Meine Schwester stand plötzlich hinter mir und klopfte mir freundschaftlich auf die Schulter, wodurch mein Pinsel nun fast völlig in meinem Mund verschwand.

„Bruderherz. Du könntest dich auch ein bisschen mehr freuen, wenn ich komme!", rief sie in ihrer fröhlichen Art.

Ich antwortete zu meiner eigenen Sicherheit nicht darauf. Meine Schwester stand nun mitten im Zentrum des schwarzen Lochs. Wider Erwarten verschwand sie nicht darin. Stattdessen bemerkte sie endlich meine missliche Lage und befreite mich.

Ich fuhr von der Staffelei zurück. Direkt über das schwarze Loch. Dadurch zog ich wunderbare Spuren durch die ganze Wohnung. Die Farbe musste wohl doch noch nicht trocken gewesen sein. Die terrakottafarbenen Fliesen hatten ein neues

Muster. „Interessant", dachte ich. Der Boden sah jetzt aus wie ein Feld, auf dem angeblich außerirdische Kornkreise geogen hatten.

„Mal wieder Arbeit gemacht, mein Junge?", sagte mein Vater trocken, als er just in dem Moment die Treppe herunter schlenderte.

Papa und Petra schrubbten den Boden und verschlimmerten die Lage zusehends. Aus einem Quadratmeter wurden schnell zwei. Das schwarze Loch nahm gigantische Dimensionen an. Ich hatte Angst um die Erde. Mein Vorschlag, Terpentin zu nehmen, war also nicht so der Knaller.

„Vielleicht versucht ihr es doch mal mit Wasser!", schlug ich vor. Papas und Petras Blicke waren nicht sehr begeistert, und sagten mir, dass ein Künstler doch eigentlich wissen sollte wie man schwarze Tinte von einem terrakottafarbigen Steinboden entfernen kann.

Ein Eimer voll Wasser und ein Lappen waren schnell geholt. Ein Wisch über den Boden und ich sah zu meiner großen Verwunderung terrakottafarbene Fliesen unter dem schwarzen Loch hervorblinzeln. Ein Wunder! Nach fünf Minuten war der Boden blitzblank.

„Ja, ja, unser kleiner Picasso!", sage Petra nach getaner Arbeit.

Und ich? Ich war erleichtert: Kein Pinsel mehr im Hals, nur eine leichte Kaumuskelentzündung im Mund. Jetzt war ich auch bereit für eine ordentliche Begrüßung: „Hallo Petra!" – „Ach, wusstest du schon …?" + zehn Minuten.

Ich freute mich riesig auf Mamas Essen.

„Soll ich euch helfen?", rief ich in die Küche. Wohl wissend, dass ich nutzlos war.

„Lars! Wenn der Witz nur neu wäre", antwortete meine Schwester trocken.

„Gut! Dann fahre ich schon mal an den Esstisch."

„Mach das Lars, da kannst du schon nichts kaputtmachen", lachte meine Schwester mit Tränen in den Augen. Dann schnitt sie weiter die Zwiebeln klein.

„Da kannst du schon nichts kaputtmachen", klang Petras Stimme nach. Sie irrte sich leider. Ich fuhr vom Wohnzimmer auf den Balkon hinaus. Die kleine Schwelle dazwischen beachtete ich dabei nicht. Hätte ich aber machen sollen. Denn dadurch kam ich an den Geschwindigkeitsregler, was kontraproduktiv in dieser Situation war. Im selben Moment schoss ich mit Höchstgeschwindigkeit, also mit 6 km/h, auf den gedeckten Essenstisch zu. Stühle, Teller, Tassen und Besteck flogen durch die Luft. Es gab einen praktischen Notfallknopf an meinem rollenden Ferrari, aber ich wusste nicht wo. So raste ich weiter auf das kniehohe Balkongeländer zu. Wohl wissend, dass darunter, in einem Meter Tiefe, der Rasen auf mich warten würde.

Schon sah ich mich durch das Geländer rauschen, und mit einer Rolle vorwärts auf dem grünen Gras aufsetzen. Mit rumpelndem Rollstuhl den Rasen hinab, am Hühnerstall vorbei. Ein kurzer Blick auf das Huhn Graziella. Es sollte Monate später an einem verklemmten Ei sterben. Ich schoss in Gedanken in den kleinen Bach am Ende des Grundstücks. Das Gewässer war zwar gerademal einen halben Meter tief. Tief genug aber zum Ertrinken für einen hochgelähmten Rollstuhlfahrer. In dem Bach wäre ich fast einmal als vierjähriger Knirps untergegangen, weil ich unbedingt einen Eimer, den ich mit einem Strick um meinen Bauch band, vom Ufer in das Wasser hinablassen wollte. Blöderweise hatte ich zu viele Steine in den Eimer geladen. Somit flog der Bottich mit den Steinen in den Bach. Und der kleine Lars eine Sekunde später hinterher.

Ich wurde aus meinen Gedanken gerissen. Es krachte. Das hölzerne Terrassengeländer hielt dem Aufprall stand.

„PUH! Robuster als man denkt", japste ich, und schüttelte mich wie ein Boxer, der gerade nochmal dem K.O. entgangen ist.

Weinend saß ich am Geländer und schaute in den jetzt nicht mehr so Angst einflößenden Abgrund.

„Alles halb so wild. Die Teller sind ersetzbar", sagte Mama und sammelte das nun aus tausend Teilen bestehende Geschirrset auf.

„Zum Glück waren das Gulasch und die Spätzle noch nicht auf dem Tisch", erwiderte ich mit erwartungsfroher Stimme.

„Essen ist fertig!", rief Petra aus der Küche.

So verbrachten wir drei noch einen wunderschönen, geruhsamen Samstagnachmittag. Zum Abschluss ließ es sich meine Schwester aber nicht nehmen und sagte zu mir: „Das war mal wieder eine typische ‚Lars-Aktion' heute!"

„Schwesterherz. Wenn der Witz nur neu wäre", antwortete ich lachend.

Virtueller Tageucheintrag: Ich hoffe, das war mein letzter Unfall!

15. Karl, der Vegetarier

Über die Jahre hatte ich die Erfahrung gemacht, dass ein Zivi entweder kochen konnte oder nicht. Der eine drehte den Herd auf, öffnete den Schrank und schmiss alles in die Pfanne, was das Gewürzregal hergab. Eingeschlafene Füße waren ein Lebenselixier dagegen. Der andere schüttete Salz über das Gericht, als wenn er hochfrequenzverliebt wäre und von Amor mit mindestens zehn Liebespfeilen durchbohrt. Da half den armen Lebensmitteln nicht mal mehr ein halbes Päckchen Zucker als Wiederbelebungsmaßnahme. Das Essen schmeckte wie ein Schluck aus dem Toten Meer. Schließlich war da noch die dritte Fraktion. Sie bewahrte meine Geschmacksnerven vor dem völligen Ruin. Eine kleine Prise von da, eine kleine Prise von dort und man hatte ein Geschmacksfeuerwerk im Mund, als wäre es Silvester Punkt zwölf.

Doch zurück zu den Niederungen der Küchenkunst. Bis jetzt dachte ich immer, dass Zimt nur in Backwaren, Milchreis oder in wenigen anderen Speisen verwendet wird. In homöopathischen Mengen versteht sich. Neu war mir, dass man drei Esslöffel davon in eine Nudel-Tomatensoße werfen kann, ohne dass sie dabei explodiert. Peter, mein Zivi, bestand aber hartnäckig darauf, dass dies ein Spezialrezept seiner Mutter sei.

Er hatte Recht. Speziell schmeckte es. Mein erster Bissen war auch mein letzter. Manchmal war ich wirklich froh, die Telefonnummer vom Pizzaservice zu haben. Peter war tapfer. Trotzig und mit sichtlich verzogenem Gesicht löffelte er das Spezialgericht seiner Mama bis zum bitteren Ende aus. Ich krönte ihn zum Dschungelkönig. Es stellte sich im Nachhinein heraus, es waren keine drei Esslöffel Zimt, sondern ein halber Teelöffel Basilikum und Oregano. Kann man verwechseln. Sollte man aber nicht. Erfahrungswerte, die mich schulten. Ich wusste nach dem ersten selbst gekochten Essen des neuen freiwilligen Helfers, was los war. Haute-Cuisine oder Tiefkühlpizza für lange zwölf Monate.

Meine Essgewohnheiten variierten aber nicht nur wegen meiner Jungs. Tiefe Einschnitte brachten auch Fernsehdokumentationen von schlechter, industrieller Tierhaltung. Eine davon reichte und ich war schlagartig Veganer. Wenigstens militanter Vegetarier. Diese radikalen Phasen wurden jedoch wieder jäh gestoppt, wenn ich an einer dieser herrlich duftenden Currywurstbuden vorbeikam. Ich hörte förmlich den Ruf des Fleisches: „Iss mich! Iss mich!"

Wir waren nach Stuttgart zu einer Veggie-Messe gefahren. Wir schlenderten durch lange Reihen, gesäumt von zahlreichen Ständen: veganes Shampoo, vegetarische Soßen, veganes Tofu, vegetarisches Hundefutter. Was es nicht alles gab! Die eine oder andere Leckerei wurde vor den Augen des begeisterten Publikums zubereitet. Man konnte es kaum glauben. Es roch lecker. Beseelt von Tierliebe rollte ich zum Ausgang. „Scheiß industrielle Tierhaltung", dachte ich. „Nie mehr Fleisch" war jetzt mein Motto.

Doch was war das? Keine fünfzig Meter weit entfernt von der Veggie-Messe stand eine Hütte aus Holz. In großen Lettern stand geschrieben: MANNI'S WÜRSTLEBUDE. Es roch herrlich. Vor der Hütte stand eine lange Menschenschlange. Die meisten von ihnen waren Besucher der Messe. Militante Veganer, auf deren T-Shirts Aufschriften wie *„Wir hassen Fleischesser!"* standen. Mit sichtlich schlechtem Gewissen bestellten sie *Manni's Spezialmenü.* Currywurst. Bratwurst. Bauchspeck. Und Kartoffelsalat. Mit ordentlich Speckwürfeln drauf, versteht sich. „Was für ein Durchhaltevermögen", dachte ich. Respekt! Auch *meine* guten Vorsätze wackelten bedenklich. Was war eine ekelhafte vegetarische Sojawurst gegen *Manni's Spezialmenü.* Wie Mogli im Dschungelbuch wurde ich magnetisch angezogen. Zwar nicht von der Schlange Kaa, jedoch von dieser verführerischen Würstchenbude. Das Resultat war absehbar. Ich wurde wieder ein Fleischesser bis zur nächsten Reportage über schlechte industrielle Tierhaltung.

Und heute? Heute esse ich nur noch sehr wenig Fleisch. Wenn es dann mal vorkommt, muss es von einem Tier sein, das ich selbst tot gestreichelt habe. Die Herkunft und die Haltung sind wichtig. Fleisch von frei laufenden Hühnern und Schweinen. Fleisch von Rindern, die ihre Kälber selbst aufziehen. Und Eier von Bauernhöfen, auf denen die männlichen Küken nicht im „Schredder" landen. Lieber zahle ich heute dreimal mehr für ein Stück Fleisch und esse dafür nur ein Drittel der Fleischmenge, die ich früher verspeist hatte. Schon bleibt der Preis gleich. Raffinierter Schachzug von mir, wie ich finde.

Als Karl, mein neuer Zivi zu mir kam, war ich gerade mal wieder „Hardcore-Fleischesser". Karl war nicht zu übersehen. Und mit seinen 2,03 m bis dato mein größter Freiwilliger. Durch seine Afro-Frisur sah er aus wie ein Mitglied der

Jackson Five. Nur in Weiß und in Groß. Er wäre auch locker als riesige dürre Pappel mit einer überdimensionalen Baumkrone durchgegangen. Karl war ein ruhiger Typ, er hatte eine angenehme Art. Er spielte Gitarre, das war seine Leidenschaft. Das war sein Leben.

Ach ja, das hätte ich fast vergessen: Er war Vegetarier. Karl war, was seine kulinarischen Vorlieben anging, na ja, wie soll ich es ausdrücken, ... etwas speziell. Das ist noch milde ausgedrückt. „Liebenswert bekloppt" beschreibt es wohl besser. Es war anfangs eine echte Herausforderung. Er: ein militanter Vegetarier. Ich: ein Hardcore-Fleischesser. Das war nicht gerade eine Liebesheirat.

Es fing schon beim Einkaufen an. Mein Einkaufszettel war eine Herausforderung für Karl, den er natürlich kommentierte: „Zehn Eier? Lars, mit diesem Kauf beraubst du süße ungeborene Küken ihres bestimmt wunderbaren Lebens!" – „Hundert Gramm Schinken? Na dann, guten Appetit Lars! Die armen Tiere werden vollgepumpt mit Antibiotika!" – „Eine Tagescreme? Falsches Produkt. Die haben bestimmt Tierversuche dafür gemacht." – „Vier Wiener Würstchen? Da drin wird alles verarbeitet, was man sonst nicht mehr braucht; wenn dort überhaupt Tier drin ist ..."

Einkaufen mit Karl: Danach fühlte ich mich wie ein Mörder. Wie ein Massenmörder sämtlicher Spezies. Schuldbewusst hätte ich am liebsten an einem Salatblatt geknabbert. Einfach, um sicher zu sein, dass ich essenstechnisch diesmal nichts falsch machte. Wenigstens bei Wiener Würstchen war ich auf der sicheren Seite. Karls Vermutung, dass in Wiener Würstchen so oder so kein Fleisch drin sei, klang mir noch deutlich in den Ohren. Was die restliche Einkaufsliste betraf, musste ich ihm wohl oder übel recht geben. Ich achtete damals nicht darauf, wie und wo, wodurch und weshalb ein Tier starb. Und das für meinen Hunger. Es machte jedenfalls keinen großen Spaß, neben ihm das lecker duftende Frühstücksei zu essen. Er starrte mich an und in seinen Augen funkelte ein Wort: Kükenkiller!

Irgendwann hatte ich die Faxen dicke. Theo, der Zivikollege von Karl war ab jetzt fürs Einkaufen zuständig. Karl war sichtlich erleichtert. Endlich kein Fleischkauf mehr. Jetzt hatte er kein Blut mehr an den Händen. Trotz dieses Ausnahmezustandes hielt ich meine Fleischeslust strikt durch. Mein kleiner Vegetarier musste sich umstellen. Er kochte für mich. Und das täglich. Doch dies blieb nicht ohne Folgen. Sichtbare Veränderungen traten ein. Wenn jemand Fremdes in die Küche gekommen wäre, er hätte einen Chirurgen bei seiner Arbeit vermutet. Karl stand am Herd und bereitete das Essen vor. Mit Einmalhandschuhen und Mundschutz.

„Fehlt nur noch die grüne wasserdichte Anglerhose", dachte ich. Vielleicht wollte er auch nur Doktor spielen. Aber nein, er konnte einfach den Geruch von Fleisch nicht ertragen. Geschweige denn, das Fleisch anfassen. Mit ausgestrecktem Arm beförderte er das köstliche Wiener Schnitzel in die Pfanne, als ob es sich dabei um einen Nuklearstab aus einem Atomkraftwerk handelte. Für einen Fleischesser war das wohl eine etwas hysterische Aktion. Für einen überzeugten Vegetarier wohl Normalität.

„Stell dir doch mal das Fleisch mit Fell vor!", sagte Karl mit vorwurfsvoller Stimme, während ich fasziniert in die Pfanne schaute. Selbst mit größter Mühe konnte ich mir kein Wiener Schnitzel mit Fell vorstellen. Karl machte beim Kochen ein Gesicht, als ob er das Schnitzel selbst totgetreten hätte.

Die Kühlschrankordnung glich nun einem militärischen Sperrgebiet. Einmal die Regeln gebrochen, wurde verbal die Todesstrafe verhängt. Karls Essen stand in einem eigenen Kühlschrankfach. Meine Produkte mussten zwei Etagen tiefer ihr Dasein fristen. Man musste gleich sehen, welches das böse Essen war. Dies alles kam dem Kastensystem in Indien recht nahe. Joghurt, Müsli, Sojadrink und Tofu-Würstchen auf der oberen, Salami, Speckwürfel, Teewurst und Schnitzel auf der unteren Stufe. Gemüse wurde brüderlich geteilt und durfte in einem eigenen Fach verweilen. Die Wiener Würstchen wollte ich anfangs noch zum Gemüse stecken lassen. Das wurde mir aber verweigert. Karl war neuerdings doch der Meinung, dass Wiener Würstchen aus Fleisch bestehen mussten. Falls jemand die Frechheit besaß, aus Versehen eine Wurstscheibe auf sein Tofuwürstchen zu legen, musste er in den sauren Apfel beißen und dieses dann auch essen. Was für eine Strafe. Danach machte man es nie wieder. Tofu ging gar nicht, es war einfach eine Strafe für meine Geschmacksnerven. Wenn ich erst 200 Gramm Gewürzmischung auf das „Möchtegernfleisch" streuen muss, bevor es überhaupt nach irgendetwas schmeckt, kann ich auch statt des Tofuklumpens ein Stück Schmierseife essen. Form und Konsistenz konnte man noch mit viel Fantasie für ein Würstchen halten. Der Geschmack erinnerte aber mehr an im Sommer zu lange getragene Gummistiefel.

Tage und Wochen vergingen. Ich hätte es nicht für möglich gehalten, aber Karls stetige „vegetarische Wassertropfen" höhlten langsam Risse in mein „Fleischergestein". Mehr und mehr übernahmen Kartoffeln, Reis und sogar Gemüse das Regiment auf meinem Teller. Wider Erwarten konnte man das sogar ohne Fleisch essen. Ohne Kreislaufkollaps und Krankenhauseinweisung. Anfangs überraschte mich das jedes Mal aufs Neue. Doch wenn einer der hochgewachsenen Jackson-Fives dies schaffte, warum nicht ein wesentlich kleinerer Rollstuhlfahrer? Das machte mir Mut. Heute bin ich ein „Fast-nie-Fleisch-Esser-mit-Tofu-Würstchen-Allergie".

Karl hatte durch die evangelische Freikirche zum Glauben gefunden. Nach dem Zivildienst studierte er zwei Jahre Theologie in der Schweiz. In der Kirche, in der auch ich bin, traf er Sabina, die Liebe seines Lebens. Danach studierte er weiter auf Lehramt, arbeitet heute zu fünfzig Prozent als Lehrer in Basel und zu fünfzig Prozent in einer Schweizer Kirche. Er ist seit mehreren Jahren glücklich mit Sabina verheiratet und hat inzwischen zwei herzige Kids. Karl isst übrigens wieder Fleisch. Und das nicht wenig.

Virtueller Tagebucheintrag: Sag niemals nie!

16. Der Sprengstoff

Zwei Jahre nach der Zeitrechnung „Karl, der Vegetarier" ging es auf die Reise. Budapest wartete auf mich. Noch nie war ich so weit weg gewesen. Die Vereinigung der Mund- und Fußmalenden Künstler aus aller Welt e.V. hatte mich eingeladen. In der ungarischen Hauptstadt fanden ein Kongress und eine internationale Ausstellung unserer künstlerischen Organisation statt. Damals war ich noch Stipendiat der Vereinigung. 1999 hatte ich ein dreijähriges Stipendium erhalten. Ich war stolz wie „King Käse". Mit diesem Stipendium konnte ich den Besuch an meiner Kunstakademie finanzieren. Auch um das Geld für die Malutensilien, Kunstbücher und um kleine Künstlerexkursionen musste ich mir keine Sorgen mehr machen. Dies war ein Ereignis von so vielen, die ich als Geschenk Gottes ansah. Was für eine Befreiung! Es war mir eine so große Hilfe. Zudem konnte man sich mit gleich gesinnten Künstlern austauschen. National und international.

Durch den Besuch der Kunstakademie und die ständige Beschäftigung mit der Malerei machte ich bald Fortschritte.

Mein großes Ziel aber war, einmal in der Vereinigung als assoziiertes Mitglied, also vorläufiges Mitglied aufgenommen zu werden. Danach vielleicht sogar als Vollmitglied. Dann würde ich ein Gehalt bekommen, selbst wenn ich aus gesundheitlichen Gründen nicht mehr malen konnte. Eine Art Rente sozusagen.

„Was für ein wunderbarer Arbeitgeber", dachte ich. Es war wie ein Traum! Im Augenblick war diese Vorstellung aber noch utopisch. Bis ich tatsächlich darüber nachdenken konnte, musste ich mich erst einmal künstlerisch weiterentwickeln. Ich malte fleißig und schickte die fertigen Bilder zur Vereinigung. Sie wurden bewertet, und wenn ich Glück hatte, auch reproduziert: für Postkarten, Kalender oder andere Dinge, wie zum Beispiel Kaffeetassen, Adressbücher oder Puzzles. Es war ein wunderbares Gefühl, sein eigenes gemaltes Motiv auf einem der Geschenkartikel zu sehen.

Nach der Bewertung schickte mir die Vereinigung meine Bilder zurück. Wenn ich wollte, konnte ich damit jetzt Ausstellungen gestalten und sie verkaufen. Und das machte ich. Es war wie im Traum. Ich war dabei, die Malerei zu meinem Beruf zu machen. Wer hätte das vor Jahren gedacht? Ich nicht!

Fabian und ich „standen" in Zürich am Flughafen. Er war noch keine zwanzig Jahre alt, hatte aber schon sein Abitur mit Bestnoten in der Tasche. In seiner Freizeit beschäftigte er sich mit Computern und programmierte für „Ravensburger Spiele" den Kundensupport. In seiner Zivizeit hätte ich also Kinderpuzzles, Memory-Karten und Spiele bis zum Abwinken haben können. Wenn ich sie gebraucht hätte. Fabian strahlte Selbstsicherheit und Ruhe aus. Das waren ideale Voraussetzungen für unsere kräftezehrende Unternehmung. Der Swissair-Schalter befand sich am Anfang des Terminals. Die Airline Mitarbeiterin begrüßte uns in ihrem schicken rot-weißen Kostüm.

„Döt äne isch grad 's Gepäcksband. Schalter 203", klärte sie uns in süßem Schweizerdeutsch auf. Ich liebte diesen Dialekt. Und ich liebte die Schweiz. Die Grenze zu den Eidgenossen lag einen Katzensprung über den Bodensee. Keine vierzig Minuten von meiner Haustür. Von Überlingen aus konnte man bei Föhn-Wetterlage das gesamte Schweizer Bergpanorama bestaunen. Herrlich!

„Nochher chönd sie in Ufenthaltsrum go", beendete die Swissair-Dame ihre Erläuterungen.

„Also, ab zum Gpäcksbändli und Adjöö", sagte Fabian in grottenschlechtem Schweizer-Deutsch und griff sich einen der Koffer.

„Adieu und bis gli", antwortete die freundliche Airline-Mitarbeiterin. Zwei Koffer links und rechts in jeder Hand, den brechend vollen Rucksack auf dem Rücken und meine Antidekubitusmatratze hinter sich herziehend, sah Fabian wie ein Packesel aus.

„Chann i ihne bim Träge helfe?", rief die Dame im rotweißen Kostümchen hinter uns her.

„Geht schon. Dankeschön!", schrie Fabian zurück, und schubste meinen Duschstuhl, den ich gerade bei der Aufzählung vergessen hatte, mit dem Fuß vor sich her.

„Jetzt noch ein Koffer auf dem Kopf, und du kannst im Zirkus auftreten", feixte ich, während ich gepäcklos an ihm vorüberrauschte.

Fabians Antwort, ein kräftiger Tritt gegen den Duschstuhl, war nicht die richtige Antwort. Mit einem ohrenbetäubenden „BÄM!" krachte der Stuhl eine Sekunde später gegen den Gepäckschalter. Ein Gutes hatte es: Der Schalterbeamte war jetzt wach. Sein Gesichtsausdruck ließ erahnen, wie sein Mittagsschlaf gewesen sein musste. Nämlich zu kurz. „Wer seid ihr und warum stört ihr?" Mehr war seinem Gesichtsausdruck nicht zu entnehmen. Es war zu befürchten, dass dieses Zusammentreffen unter keinem guten Stern stand.

„Was wollen Sie?", fragte er vorwurfsvoll.

„Gepäckabgabe? Sind wir richtig?", antwortete Fabian sichtlich eingeschüchtert.

Ohne auf die Antwort einzugehen, griff er sich einen der Koffer und zog ihn über den Scanner.

Fabian drehte sich zu mir um. „Scheint wohl einen schlechten Tag zu haben, der Gute. Wenigstens geht's schnell, wenn er weiterhin so schweigsam ist. Das heißt in zwei Minuten chillen wir im Warteraum."

„Nächster Koffer!", brummte der Schalterbeamte sichtlich genervt. Fabian reichte ihm einen weiteren Koffer. Ein kurzes Aufleuchten, und das Gepäckstück wanderte ohne Beanstandung durch den Zoll. Dann der Duschstuhl: Kein Problem! Meine Antidekubitusmatratze: Kein Problem! Koffer Nummer drei: Kein Problem! Koffer Nummer vier war dann der Grund dafür, weshalb wir das Chillen im Warteraum gleich mal streichen konnten.

„Was ist das?", kläffte der Schalterbeamte. Er hatte in Windeseile den Koffer geöffnet und zeigte hinein. Ich sah nichts Außergewöhnliches: Hosen, T-Shirts, Zahnputzzeug. Meinte er etwa die Medikamente?

„Meinen Sie etwa die Medikamente?", fragte ich freundlich, um ihn nicht noch mehr aufzuregen.

„Sie wissen genau, was ich meine. Was ist in der weißen Tüte?"

Ich überlegte. Eine schlüssige Antwort auf seine Frage hatte ich nicht. Pinsel, Leinwände und Farben, mehr war da nicht drin. Kein Heroin, kein Kokain, keine Waffen, nicht einmal Marihuana. Vielleicht hatte er etwas an dem feurigen Rot auszusetzen. Oder die Tube „Dunkelblau" gefährdete den Flughafenbetrieb. Vielleicht die innere Sicherheit. Wahrscheinlich sogar den Weltfrieden. Ich hatte keine Ahnung.

„Was ist in der weißen Tüte?", wiederholte der Schalterbeamte in nun unüberhörbarer Lautstärke.

Ich war irritiert. Warum fragte er? Er hatte doch zuvor hineingeschaut. War es eine Fangfrage oder schon eine handfeste Beschuldigung?

„Wonach schaut es denn aus?", erwiderte ich und überlegte, ob er wirklich nicht wusste, was Farbtuben waren. Bestimmt hatte er heute einen Passagier mit Kokain erwischt. Das Zeug beschlagnahmt, gleich ausprobiert und wusste jetzt nicht mehr, was er redete.

„Ich muss da mal was klären", sagte der Beamte und drückte auf sein Handy.

Farben. Pinsel. Leinwände. In Gedanken ging ich noch mal alles durch.

„Ja, Kowalski hier. Ich habe ein verdächtiges Gepäckstück. Kommt doch mal vorbei. Ach ja, und bringt Rüdiger und Hörbi mit."

„Mit dir fällt man immer auf", sagte Fabian und deutete mit einer Kopfbewegung hinter uns. Eine kleine Gruppe Passagiere hatte sich nicht weit von uns versammelt, und schaute uns zu. Normalerweise würden sie jetzt gelangweilt im Warteraum chillen, aber das hier war eindeutig spannender! Was wenn der Mann im Rollstuhl und sein Begleiter kriminell waren?

„Wenigstens die haben schon ihren Koffer abgegeben", raunte Fabian und wollte die Farbtuben wieder in die Tüte stecken.

„Halt!", schrie der Schalterbeamte. „Lassen Sie die Finger von den beschlagnahmten Tatmitteln!"

„Also, ich glaube, die sind schuldig", sagte eine Dame aus der Gruppe und wartete auf Bestätigung.

„Richterin Gnadenlos", dachte ich. Sie hätte uns vermutlich schon lange verurteilt. Ein Mann hielt dagegen und streckte die Hand zur Wette aus. Ich verfolgte die Szene nicht weiter. Der Schalterbeamte winkte und rief in diesem Moment zwei Grenzschutzpolizisten zu sich, die bewaffnet mit Pistole und kleinem Sturmgewehr auf den Schalter 203 zusteuerten. Rüdiger und Hörbi waren zwei bullige Kampfhunde, die auf Ärger getrimmt waren. Ich kam mir vor, wie im Film: Die Polizisten der Krimiserie liefen, mit ihren Hunden an der Leine, in Zeitlupe auf den Kameramann zu. Nebel über dem Filmset. Im Hintergrund explodiert ein Auto.

„Ist doch jetzt ein bisschen übertrieben, oder?", flüsterte Fabian.

„Sei ruhig, Schwerverbrecher!", raunte ich.

„Wollen sie mir etwas mitteilen?", fragte der Schalterbeamte, der unser Getuschel bemerkt hatte.

„Nein, nein. Wir haben uns nur gefragt, was das für eine Hunderasse ist."

„Bullterrier. Trainiert auf Nahkampf. Heroin- und Sprengstoffsuche. Teilausbildung bei der GSG 9."

Fabian hatte recht. Einen auf Nahkampf trainierten Bullterrier gegen einen hochgelähmten Rollstuhlfahrer kämpfen zu lassen, war mehr als übertrieben.

„Warum hast du uns gerufen, Theo?", fragte der größere der beiden Grenzschutzpolizisten. Er war an die zwei Meter groß. Der Spiegel seines Fitnessstudios sah ihn gewiss öfters als seine Freundin.

„Sprengstoffalarm!", erwiderte Theo.

Theo hieß er also, unser Schalterbeamte. Es war immer gut, wenn man sein Gegenüber auf „Du und Du" ansprechen konnte. Ich versuchte ihn zu beruhigen: „Theo, wir haben echt keinen Sprengstoff bei uns." Dabei näherte ich mich ihm etwas, um eine freundschaftliche Atmosphäre zu schaffen.

„Für Sie immer noch Herr Kowalski", belehrte mich Theo. Verlegen schaute ich auf die große Digitaluhr am Eingang. Es war 14.45 Uhr. Wir hatten noch zwei Stunden bis zum Flug. Der Schalterbeamte, Theo Kowalski, nahm nun die Tüte mit den Farben, legte sie auf den Boden und holte eine nach der anderen vorsichtig heraus. Vorsichtig, denn er dachte, das sei hochentzündlicher Sprengstoff. Die Szene erinnerte mich an Karl, der Fleischwürstchen genauso mit Samthandschuhen anfasste wie Theo meine harmlosen Farbtuben. Rüdiger und Hörbi wurden auf die Farben losgelassen. Sie schnupperten, leckten und schnäuzten. Nichts knallte. Nichts explodierte. Nichts bellte. Das Resultat dieser Arbeit sah man an den Schnauzen der Hunde: Lila. Rot. Hellblau. Weiß. Und Magenta. Nicht nur ich war nun ein bunter Hund.

„Sie können jetzt in den Warteraum gehen", sagte Theo Kowalski mit verschnupfter Stimme.

Geht doch, dachte ich und verabschiedete mich höflich. Die Zuschauermenge, die in der Zwischenzeit auf annähernd hundert Leute angewachsen war, löste sich langsam auf. Die ältere Dame, „Richterin Gnadenlos", sah mehr als traurig aus. Sie hatte verloren, und das, obwohl der Gewinner ihr die zwanzig Euro Wetteinsatz großzügig erließ. Beide waren wohl auf denselben Flug gebucht wie wir. Auch sie waren nun im Warteraum angekommen.

„Wir haben noch anderthalb Stunden", rief Fabian freudestrahlend und ließ sich rückwärts in den Sessel fallen.

„Halloooo! Händ sie die langi Warteziit guet umebrocht?", hörte ich eine freundliche Stimme hinter uns. Es war die nette Swissair-Angestellte.

„Die Wartezeit war auf jeden Fall sehr kurzweilig", erwiderte Fabian lachend.

„Denn chömet sie emol mit", forderte sie uns auf.

„Sie" hieß Frau Hörbili. Henriette Hörbili. Sie hatte ein Namensschildchen auf ihrem rot-weißem Kostüm. Der Name war anscheinend Programm hier im Flughafen. Hörbi, der Kampfhund. Und jetzt sie, Frau Hörbili. Verwandtschaft war wohl ausgeschlossen, dachte ich amüsiert. Fabian griff sich unser Handgepäck und trottete der Airline-Dame hinterher. Am Swissair-Schalter angekommen, zeigte Frau Hörbili auf einen Rollstuhl, der schon im letzten Jahrtausend uralt gewesen sein musste. Hergestellt wohl kurz nach der Erfindung des Rads. Armes Würstchen, das darin sitzen musste, dachte ich.

„Ich ha ihne de Rollstuehl organisiert. Sie müend sich jetzt umsetze lo", sagte Frau Hörbili mit ihrem schönsten Lächeln. Ich bekam Kopfweh, als ob mir ein Dinosaurier direkt über denselben gelatscht wäre. Für mich war dieses Vehikel also. Lustig waren die Schweizer alle Mal.

„Warum?", fragte ich entsetzt.

„Das mir ihre Elektrorollstuehl is Flugzüg ilade chönd." Sie lächelte mich an.

Ich wollte zurücklächeln, aber es ging nicht. Mein Lächeln war eingefroren. Ich schaute abermals auf die riesige Flughafenuhr. „Es sind doch noch anderthalb Stunden Zeit bis zum Abflug", stellte ich hoffnungsvoll fest.

„Sicher isch sicher!", erwiderte Frau Hörbili. „Usserdem dörf de Flugverchehr ned is Stocke grote."

„Ich habe aber einen total zarten Popo. Wenn ich jetzt in diesem Steinzeitmodell von einem Rollstuhl sitze, bekomme ich sicher eine Druckstelle."

„Das tuet mir sehr leid, Herr Höllerer."

„Aber ich bekomme einen Spasmus. Mein Körper fängt dann an zu zittern."

„Das tuet mir sehr leid, Herr Höllerer."

„Ich werde sterben!", rief ich verzweifelt.

„Das tuet mir ... Sterbe, händ sie sterbe gseit?"

„Das kann gut sein", bestätigte ich glaubhaft.

„Übertreibst du jetzt nicht ein bisschen Lars", flüsterte Fabian und schüttelte den Kopf.

„Die Flughafenmitarbeiter haben mit dem Sprengstoff auch übertrieben", dachte ich und fühlte mich in meiner Falschaussage bestätigt. Frau Hörbili hatte ihr Pulver anscheinend verschossen. Ratlos sagte sie: „I tue emol de Sicherheitschef vom Flughafe froge." Dann eilte sie davon.

Nach einer guten Viertelstunde kam sie mit Mister Brown, dem Sicherheitschef zurück. Er war Engländer und der deutschen Sprache nicht mächtig. Fabian musste nun zwischen einem kopfschüttelnden Rollstuhlfahrer und zwei wild gestikulierenden Flughafenangestellten die diplomatische Fassung bewahren. Das machte er extrem gut und dabei verging die Zeit wie im Flug. Nach weiteren fünfundzwanzig Minuten Kopfschütteln und Verweigerung meinerseits war es dann so weit: Mir blieb nichts anderes übrig. Das neu erfundene Rad aus der Steinzeit wartete auf mich. Immerhin hatte ich gut und gerne vierzig Minuten herausdiskutiert, bis ich in diesem vorsintflutlichen Rollstuhl sitzen musste.

„Der Schrotthaufen bricht sicher nicht auseinander?", fragte ich besorgt, als mich Fabian von einem Stuhl in den anderen setzte.

„Das isch no ned vielmol passiert", antwortete Frau Hörbili.

„Wollen Sie mich jetzt beruhigen oder aufregen?"

Ich dachte nicht mehr darüber nach und ergab mich meinem Schicksal. Ein weiterer Blick auf die Flughafenuhr zeigte mir, dass wir noch fünfzig Minuten bis zum Start unserer Maschine hatten. Trotz der ganzen Aktion hatte die Airline-Mitarbeiterin ihr bezauberndes Lächeln uns gegenüber nicht verloren. Das nannte ich Professionalität. Wir verabschiedeten uns freundlich.

„So hartnäckig wie sie muess mä zerscht zerst emol si!", rief uns Frau Hörbili durch den halben Terminal nach.

„Dankeschön. Sie waren aber auch nicht schlecht", rief ich zurück.

In dem besagten Stuhl saß ich wie Lucky Luke nach einem Tagesritt. Jetzt konnte ich nachempfinden, wie er sich fühlte, vom Pferd zu steigen und breitbeinig davonzulaufen. Genauso breitbeinig saß ich jetzt in diesem Stuhl. Ich kam mir vor wie Al Bundy in der gleichnamigen amerikanischen Serie. Fehlten nur noch die Finger in der Hose.

„Lars, dir fallen immer die Arme nach unten. Ich stecke sie dir einfach mal unter den Hosenbund", sagte Fabian und schob mich in dieser extrem auffälligen Position weiter durchs Flughafengelände. Dann kam die Kontrolle.

„Der Herr im Rollstuhl kann nicht durch den Scanner. Er muss gesondert überprüft werden", rief einer der Kontrolleure. Während Fabian durch den Scanner lief, schob man mich in einen abgetrennten Bereich. Dort wurde ich notdürftig nach verdächtigen Gegenständen untersucht.

„Haben Sie etwas dabei, das ich wissen müsste?", fragte mich der furchteinflößende Herr von der Security.

„Nein, den Sprengstoff habe ich schon bei ihren Kollegen abgegeben", antwortete ich wahrheitsgemäß.

„Machen Sie keine Witze. Sie wollen doch nicht, dass ich ihren Stuhl bis auf das letzte Schräubchen auseinanderbaue. Also noch mal. Haben Sie etwas dabei, was ich wissen müsste?"

Wir waren spät dran und so führte ich das Thema Farbtuben und Sprengstoff nicht weiter aus. Ich beantwortete die Frage mit einem klaren „Nein". Der Herr von der Security schien erleichtert. Ich hatte ihm wohl viel Arbeit mit meiner Antwort erspart. Fabian wartete draußen am Scanner.

„Sie können schon mal zur Gangway gehen … äh, fahren. Nun ja, Sie wissen schon", stotterte der Mann von der Security und konnte sich nicht entscheiden, ob er nun mich oder Fabian meinte.

„Wir werden hüpfen", sagte ich, und nahm ihm damit die Entscheidung ab.

„Wo müssen wir jetzt hin?", fragte Fabian.

„Die Gangway ist relativ einfach zu finden", sagte der Securityman. „Geradeaus. Zweimal rechts. Dreimal halb rechts. Zweimal links. Einmal halb rechts hoch. Den Fahrstuhl hinauf. Halb links und dann müsst ihr nur noch geradeaus hüpfen." Der Mann hatte Humor.

Ich war überfordert. „Hast du dir das alles gemerkt?", fragte ich Fabian ratlos.

„Nö, ich laufe einfach den Schildern hinterher."

"Auch eine Möglichkeit", dachte ich.

So liefen wir los, nicht darauf vorbereitet, dass wir erst einen Marathon bewältigen mussten, um unser Flugzeug zu erreichen. Meine Reifen waren abgefahren und Fabians Sohlen abgelatscht, als wir die Gangway hinter einer der zahlreichen Glasscheiben erblickten. Ich war voll Freude, aber irgendwie auch panisch wie ein Schneekönig im Sonnenschein. Da ich noch nie geflogen war, bis auf einen Hubschrauberflug, den ich aus bekannten Gründen nicht mitbekommen hatte, war alles neu und sehr eindrucksvoll für mich. Groß und mächtig stand das Flugzeug keine hundert Meter weit von uns entfernt. Solch ein Meisterwerk der Technik aus der Nähe zu sehen, war beängstigend und faszinierend zugleich. Wie sollte so ein Stahlkoloss mit Tausenden von Tonnen vom Boden abheben? Unvorstellbar. Genau wie Strom aus der Steckdose. Fernsehen. Bluetooth. E-Mail. Computer. Das war alles für mich nicht nachvollziehbar, doch hochinteressant.

„Nicht so schnell", rief eine männliche Stimme hinter uns her. Fabian drehte sich und gleichzeitig mich im Rollstuhl um. Zwei dicke Männer rannten auf uns zu. Die leuchtend rotorangefarbenen Sweatshirts mit dem Aufdruck „Flughafensanitäter" ließen sie um weitere zwei Kleidergrößen dicker erscheinen. Einer von ihnen schob einen Rollstuhl vor sich her. Halb so schmal wie meiner. Der war wohl für Laufstegschönheiten gemacht. Für mich konnte der wirklich nicht sein. Vielmehr hatte ich Angst, dass die zwei rennenden Männer nicht rechtzeitig anhalten konnten, und ihr beachtliches Gewicht damit über uns hinwegrollen würde. Ganz so, wie wenn ein Ozeandampferkapitän vergisst, zwei Kilometer vor dem Ufer die Bremse reinzuhauen.

Die Befürchtung war unnötig. Schwitzend und keuchend erreichten sie uns am Ende der Gangway. Der Dickere der beiden zeigte auf den Mini-Rolli. Irgendwie herzig, dachte ich. „Ken und Barbie" hätten an dem Puppenstuhl ihre helle Freude gehabt, nicht aber ein Mensch über fünfunddreißig Kilo Körpergewicht. Ich schaute auf das Namensschild des Sanitäters: „Peter Mein ...Meinsin ...?" Mehr konnte ich nicht erkennen. Der Rest seines Schildes war zwischen zwei seiner vielen Speckröllchen eingequetscht. Wieder zeigte der Sanitäter auf das Rollstühlchen, auf das er sich jetzt keuchend stützte. Ich hatte ein klein wenig Angst, dass das dünne Gestell daran zerbrechen könnte. Glücklicherweise passierte nichts dergleichen. So wie Peter Meinsin außer Atem war, würde er die nächsten zwei Minuten keinen sinnvollen Satz herausbringen können.

Der schlankere Sanitäter, den ich auf hundertfünfzig Kilo schätzte, sagte: „Mit dem Rollstuhl kommen sie nicht in das Flugzeug. Der ist viel zu breit." Mit einer Handbewegung zeigte auch er jetzt auf den Mini-Stuhl.

Fabian fing an zu lachen. „Schauen Sie doch mal meinen Behinderten an. Da passt doch nicht mal eine Pobacke von ihm drauf."

Das saß. In einem kurzen Satz gleich zweimal beleidigt. Die Aussage hatte ich verstanden. Übergewichtig und behindert war ich also. Danke, Fabian!

„Er muss aber da rein", widersprach der Sanitäter.

Wie ich es liebte, wenn man in dritter Person Einzahl über mich sprach. Das erinnerte mich an ein Erlebnis, das ich vor längerer Zeit gehabt hatte. Tanja, eine langjährige Freundin, und ich saßen in Überlingen im Stadtgarten und hörten dem Plätschern des Brunnenwassers zu. Als eine Dame vorbeikam, sich vor uns stellte und zu Tanja sagte: „Junge Dame, ich finde das wirklich bemerkenswert, dass sie sich mit so jemanden abgeben."

„Nett gemeint, aber übel formuliert", dachte ich damals.

„Ja", sagte Tanja in einem Ton von Mitleid und Ironie, „trotzdem ist es manchmal extrem schwer mit ihm."

„Das kann ich gut verstehen", antwortete die Dame betroffen. Sie legte die Hand auf Tanjas Schulter und sagte: „Viel Kraft."

„Vielen Dank! Die kann ich brauchen", entgegnete Tanja, und schlug damit in die gleiche Kerbe. Der betroffene Baum, nämlich ich, fiel fast um.

„Vielen Dank auch liebe Freundin!", rief ich, als die Dame nicht mehr zu sehen war.

„Dafür doch nicht!", sagte Tanja mit breitem Grinsen und drückte freundschaftlich ihren Kopf gegen meine Schulter.

Peter, der Sanitäter mit dem eingequetschten Nachnamen, tippte mir auf die Schulter und deutete erneut auf den Mini-Stuhl. „Damit wir durch die Reihen im Flugzeug kommen. Deshalb ist der Wechsel vom Schiebestuhl in den Flugzeugrollstuhl unumgänglich."

Langsam wirkten die zwei „Leck's-mi-am-Arsch-Tabletten" aus der Apotheke. Fabian hatte sie mir vor zehn Minuten eingeworfen. Auf dem Beipackzettel stand zwar, dass man nur eine Tablette nehmen sollte, aber wie gesagt, hier im Flughafenbetrieb hatte ich ja gelernt: „Safety first!", also „Sicher ist sicher!". Außerdem wusste ich nicht, ob ich Flugangst hatte und ich fürchtete mich, das in zehntausend Meter Höhe herauszufinden. Wahrscheinlich würde man mir in diesem Falle auch nur sagen: „Das tut uns leid. Darauf kann der Flugverkehr nicht achten!"

Nachdem Fabian mich in den Rollstuhl für Laufstegschönheiten gesetzt hatte und eine meiner Pobacken im Freien schwebte, schoben mich geballte dreihundertfünfzig „Sanitäter-Kilo" durch den langen Flugzeuggang. Noch war die Maschine menschenleer. Als Rollstuhlfahrer durfte man immer als erster in den Flieger. Dafür als letzter auch wieder raus. Das wusste ich. Dadurch wurde der Ablauf für die restlichen Passagiere nicht gestört. Man stelle sich einen Rollstuhlfahrer beim Einräumen seines Gepäcks und sich selbst vor. Lars und Fabian beim gemütlichen „Sit-in" im Flugzeuggang. Während sich Kegelklub „Rot-Weiß-Rein-damit" und zweihundert weitere Flugpassagiere mit aufgeblasenen Delfin-Schwimmringen und Wakeboards durch die engen Sitzreihen quetschten ... Für zwanzig Prozent der Beteiligten wäre diese Verzögerung schon mal ein Grund, ihre Reise abzubrechen und die Reiseversicherung auf Schadensersatz zu verklagen.

Als ich endlich im Flugzeugsitz saß und die Wirkung der Tabletten mit voller Wucht zuschlug, fing ich an zu träumen. Zehn Minuten später kamen die restlichen Fluggäste. Darunter auch „Richterin Gnadenlos" und ihr Wettpartner. Diesmal händchenhaltend. Weitere zwanzig Minuten später hob das Flugzeug gen Budapest ab. Von alledem bekam ich in meinen Phantasien nichts mehr mit. Ich flog.

Budapest war grandios. Die Stadt. Die Menschen. Die Umgebung. Einfach alles. Die internationale Ausstellung der Mund- und Fußmalenden Künstler war ein voller Erfolg. Mein Highlight der Reise: Zwölf Polizeimotorräder eskortierten unsere vier Busse zur Ausstellung, weil irgendwelche ungarischen Politiker zugegen waren. Ich kam mir vor wie der Staatspräsident von Mauretanien.

Auf dem Rückflug hatte das Außenbordpersonal keinen guten Tag. Nach dem Ausladen war mein Elektrorollstuhl Schrott. Schaden am Rollstuhl: 8.500 D-Mark. Wenig später musste die Fluglinie Swissair Konkurs beantragen.

Virtueller Tagebucheintrag: Ich hoffe, nicht meinetwegen oder wegen meines kaputten Rollstuhls.

17. Kalter Kuss

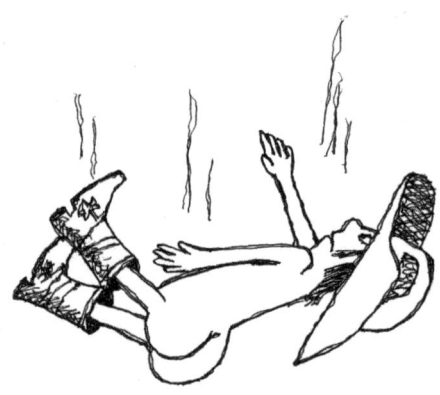

Nachdem ich am Vortag zu lange im Rollstuhl gesessen hatte, gehörte ich einen Tag später mal wieder zur Pavian-Popo-Fraktion. Meine linke Pobacke schimmerte rot leuchtend, während die andere in gesundem, weißem Farbton herumhing. Hätte man noch ein Tütchen Pommes frites dazwischen gesteckt, wären die klassischen „Pommes rot-weiß" perfekt gewesen. So musste ich also an diesem Tag in stabiler Seitenlage meinen Allerwertesten entlasten und entließ Frederik, meinen damaligen Freiwilligen.

„Liege ich auch ganz sicher?"

„Sicher wie ein Kängurubaby in Mamas Beutel", erwiderte er, bevor er in die Mittagspause entschwand.

Nach einer Stunde kam Roberto zu Besuch. Er war einer meiner besten Freunde noch aus Kindertagen und so machte es mir auch nichts aus, ihn im Bett zu begrüßen. Er und seine Familie hatten einen Gemüse- und italienischen Feinkoststand auf dem Wochenmarkt.

„Hallo Lars, ich habe ein edles Tröpfchen für uns mitgebracht. Einen „Taurasi DOCG". Gereift in den südlichen

Hängen Italiens. Zwei Jahre im Fass und ein Jahr in der Flasche gelagert. Rund und elegant im Abgang, mit festem strukturierten Charakter. Ein absolutes Wunder."

Wenn Roberto über Weine philosophierte, konnte man meinen, er würde gerade über seine Traumfrau sprechen. Der Wein war ja auch sein Beruf, seine Leidenschaft. So scherzten und lachten wir, redeten über Weine und Traumfrauen.

Die Zeit verging wie im Fluge. Am späten Nachmittag verabschiedeten wir uns, und als er gerade aus der Tür hinausgegangen war, läutete das Telefon. Blöd, dass der Apparat hinter mir auf dem Schreibtisch stand. Schnell öffnete ich mein Sprachprogramm: „Aufwachen! - Telefon! - Abheben! Hallo. Höllerer hier!"

Robertos Frau war am anderen Ende der Leitung. „Hallo, hier ist Donna!"

„Hallo Donna! Dein lieber Mann ist gerade aus der Tür gegangen."

„Lars? Kannst du etwas lauter reden? Ich verstehe dich ganz undeutlich."

So drehte ich meinen Kopf etwas über meine Schulter, sodass ich das Telefon hinter meinem Rücken akustisch besser beschallen konnte: „HALLO DONNA! DEIN LIEBER MANN IST GERADE AUS DER TÜR GEGANGEN."

Bevor Donna antwortete, merkte ich, wie das Kissen, das in meinem Rücken zur Haltung der stabilen Seitenlage fixiert war, nachgab. Mein Körper drehte sich in Zeitlupe nach hinten, während sich das Rückenkissen von meinem Körper verabschiedete und vom Bett fiel. Tausend Gedanken gingen mir durch den Kopf.

„PLATSCH!" Das Kissen lag auf dem Boden. Zeitgleich drehte ich mich auf den Rücken und hörte, wie mein linkes Bein über die Bettkante glitt, um dem Kissen zu folgen. Dann die Hüfte und der restliche Lars. Ich hörte den Aufschlag der Beine und der Hüfte.

„Jetzt kommt der Kopf, ich muss ihn irgendwie oben halten", dachte ich. Ich versuchte mich vor dem unvermeidlichen Aufprall darauf zu konzentrieren. Aber es war wie so oft im Leben: Das Marmeladenbrot fiel auf die falsche Seite. Ich küsste die Fliesen. Sie waren kalt und abweisend. Sekunden später bemerkte ich, wie etwas Warmes an meiner Stirn herunterlief. Das war Loch im Kopf Nummer acht! Bald war ich zweistellig, wenn das so weiterging.

„Donna, ruf meinen Vater an und sag ihm, er soll sofort runterkommen!", schrie ich, so laut es eben ging. Ich lag mit dem Körper auf dem Bauch und konnte mich keinen Millimeter bewegen. Mein Kopf war auf den steinernen Fliesen wie eingemeißelt, und ich sprach mehr in die Fliesen und in die rote Blutlache unter mir, als zum Telefon.

„Natürlich. Mache ich sofort."

Die Minuten vergingen. Weder Papa noch ein anderer Helfer kamen. Die Zeit drängte. Also versuchte ich, mein Sprachprogramm zu aktivieren, das nun recht weit von meinem Stimmvolumen entfernt war.

„Telefon auflegen!"

„Fernseher!", wiederholte der Sprachcomputer.

„Nein. Telefon auflegen!", schrie ich.

„Anschalten!", beharrte das Sprachprogramm. Der Fernseher ging an. Ich konnte zwar nichts sehen, aber die Stimmen waren mir wohl bekannt. Die Simpsons liefen gerade. Auch das noch! Lautstärke 28. Jetzt würde mich das Sprachprogramm bestimmt nicht mehr verstehen.

„Fernseher ausschalten!"

Ich sollte leider recht behalten. Bis zur nächsten ruhigeren Szene dauerte es ewig. Doch jetzt hatte ich eine Chance. Homer Simpson arbeitete im Atomkraftwerk und wartete auf seinen Chef. Diesen Moment musste ich nutzen!

„Fernseher ausschalten!"

Das Blut vermischt mit den kalten Fliesen schmeckte widerlich. Hinter mir hörte ich das leise Geräusch, als der Fernseher sich ausschaltete. „Wunderbar!", dachte ich. Der erste Schritt ist gemacht.

„Telefon! - Abheben! - Papa anrufen!"

Hurra! Alles wurde verstanden. Als ich Papas Stimme hörte, war ich erleichtert. „Papa! Komm schnell runter und bring Eva-Maria mit!"

Keine Minute später standen beide vor mir.

„Ach herrje, Bue! Was ist denn da passiert?", rief Papa besorgt. Mit vereinten Kräften schafften es die beiden, mich ins Bett zu hieven. Blut tropfte von der Stirn auf die Fliesen. Ich fühlte mich wie Lucky Luke, der gerade aus dem Sattel gefallen war. Der Doktor wurde gerufen.

„Das ist nicht ganz so schlimm. Das klammern wir", beruhigte uns Jochen, mein Hausarzt.

Als Frederik nach der Mittagspause ahnungslos die Treppe herunterkam, staunte er nicht schlecht. „Was hast du denn gemacht?", fragte er, als er meinen Verband am Kopf sah.

„Nun ja, frag lieber mal die ungeschickte Kängurumutter, die ihr Baby aus dem Beutel fallen lassen hat", antwortete ich, und lachte ihn, da meine Laune wieder im Plusbereich war, an.

Im Nachhinein erfuhr ich, dass Donna meinen Papa angerufen hatte. Der aber dachte, der Anruf sei nicht so dringend und schaute sich den Abfahrtslauf der Herren an. Seit diesem Sturz lasse ich, wenn ich in „stabiler Seitenlage" liege, meinen elektrischen Rollstuhl immer neben mein Bett fahren. So hält mich mein Rolli im Bett, falls ich mal wieder nach hinten kippen sollte.

Virtueller Tagebucheintrag: Aus Schaden wird man klug!

18. Der Flitzer

Die Jahre vergingen. Mal ging es hoch. Mal ging es runter. Heute aber war ich voll Vorfreude: Es war eine dieser tollen Städte, die ich durch die Vereinigung der Mund- und Fußmalenden Künstler kennenlernen durfte. Nachdem ich zwei Stipendien über je drei Jahre von dieser mir so wichtigen und ans Herz gewachsenen Organisation erhalten hatte, wurde ich dort 2005 assoziiertes Mitglied. Zwei Jahre später wurde ich dann Vollmitglied. Ich hatte es geschafft! Mein Traum wurde wahr.

Ich konnte über die Jahre auf annähernd fünfzig nationale und internationale Ausstellungen zurückblicken. Weitere dreißig, teils lustige, aufregende und skurrile Mal-Vorstellungen in Kindergärten und Vorschulen waren dazu gekommen. Jetzt aber, 2008, gab es wieder einen Grund zu feiern. Ein ganz spezielles Ereignis. Das 50-jährige Jubiläum der Vereinigung. Solange gab es uns schon. Arnulf Erich Stegmann gründete die Gemeinschaft mit ein paar anderen behinderten Künstlern im Jahre 1957. Er selbst wurde ohne Arme geboren, war begnadeter Künstler und gewillt, mit anderen behinderten Malern in Kontakt zu treten. Stegmann und die kleine Gruppe um ihn herum vertrieben schließlich ihre Werke auf Postkarten, Kalendern und Ähnlichem. Aus dieser Handvoll engagierter Menschen entstand eine weltweite Vereinigung von knapp 800 behinderten Künstlern. Auch heute bieten wir unsere Kunst an. Von den Erlösen erhalten wir Stipendien oder Gehälter. Damit sind wir von staatlicher Hilfe unabhängig und können von unserer Kunst leben.

Und jetzt das Jubiläum. Ich freute mich darauf. Niels, mein damaliger Zivi, war mein Begleiter. Wir fuhren mit dem Auto nach Wien und planten einen Zwischenstopp in Salzburg, der Mozartstadt. Mein Gefährt war bis oben hin vollgestopft. Der auseinandergebaute Toilettenstuhl lag vor mir. Die Antidekubitusmatratze mit Aggregat gequetscht rechts daneben. Schließlich landeten unsere Klamotten, meine zahlreichen Medikamente und meine Pflegeartikel an Stellen im Auto, an denen man sie erst beim vollständigen Ausladen wiederfinden konnte. Ich fuhr als erstes ins Auto, danach wurden die anderen Reiseutensilien um mich herum gebaut. Manchmal hatte es etwas von einem Tetris Spiel. Und ich war der Balken irgendwo in der Mitte.

„Fehlen nur noch die Aldi-Tüten auf der Rückablage", sagte Niels, und bedachte dabei nicht, dass wir gar keine Rückablage hatten. Denn da saß ich. Mein Auto, in das ich von hinten hineingeschoben werden konnte, war sozusagen rückablagelos. Auch die hinteren Sitze wurden beim Umbau zu einem behindertengerechten Auto ausgebaut.

Wir fuhren los. Die Musik aufgedreht. Es war ein schöner Tag. Angenehm von der Temperatur. Nicht ganz heiß und nicht zu kühl. Die ersten zweihundert Kilometer waren schnell geschafft. Niels begann zu gähnen.

„Gestern zu lange in die Glotze geschaut?", fragte ich von hinten.

„So ähnlich. Ich habe noch ewig mit meiner Süßen telefoniert."

„Wie süß!", erwiderte ich.

Niels war seit zwei Wochen im siebten Himmel. Die Schmetterlingsinvasion hatte wieder zugeschlagen. Ich freute mich für ihn.

„Sollen wir kurz rausfahren, damit du Luft schnappen kannst?"

„Nein! Das hat noch Zeit", entgegnete Nils, und konzentrierte sich weiter auf die Straße.

Mein Auto, ein Caddy von VW, war das ideale Behindertenfahrzeug. Nicht zu groß und nicht zu klein. Man konnte locker in die Stadt fahren und bekam jeden Parkplatz. Für längere Fahrten schnallten die Jungs eine Dachbox aufs Auto. Trotz des extra Stauraums war das Autoinnere jedes Mal brechend voll. Hineingepasst hatte aber irgendwie immer alles. Einen entscheidenden Nachteil hatte der VW trotzdem. Ich konnte weder Menschen, Städte noch die Natur beobachten. Nach vorne sah ich höchstens die ersten zwanzig Meter der Straße. Zur Seite erblickte ich gerade mal den Unterkörper der vorbeilaufenden Personen. Der Spruch: „Sieht der Oberkörper genauso gut aus, wie die Beine es vermuten lassen?", war nach dem fünften Mal auch abgelutscht. An Sightseeing war nicht zu denken.

So ließ ich während der Fahrt meine Gedanken schweifen, hörte Musik und schaute mir dabei die uninteressanten ersten zwanzig Meter der Straße an. Plötzlich scherte unser Auto ohne Grund nach rechts aus.

„Was ist los, Niels?", rief ich erschrocken. „Niels?"

Ich bekam keine Antwort. Mein Auto fuhr mit sportlichen 130 km/h schnurgerade auf die noch fünf Meter entfernte Leitplanke zu. Ich schaute auf Niels. Sein Kopf war nach vorne gebeugt. Sein Oberkörper an die Fahrertüre gelehnt. Seine Hände waren nicht am Lenkrad!

„Scheiße! Wo sind deine Hände?", schrie ich. Ich erinnerte mich an die erschossenen, erstochenen und erschlagenen Leichen im „Tatort". Niedergestreckt von der russischen Mafia, dem Gärtner oder der geldgierigen Enkelin. Genauso saßen sie im Stuhl. Genauso wie Niels.

„Niels? N-I-E-L-S?"

Langsam kamen wir der Leitplanke bedenklich nahe. Oh, mein Gott! War er eingeschlafen oder wirklich tot? „N-I-E-E-E-L-S!"

Meine Gedanken überschlugen sich. Ich wähnte mich schon auf dem Autodach. Dreifach überschlagen und mausetot. Warum waren meine Zivis in den gefährlichsten Situationen fast immer tot?

„N-I-E-E-E-L-S!" Ich verabschiedete mich innerlich schon mal von mir und begrüßte den lieben Gott mit einem „Da bin ich!"

Plötzlich hob Niels schwerfällig den Kopf. Der Oberkörper richtete sich auf. „J ... Ja? Was ist denn?"

„Sorry, dass ich dich wecke. Aber ... aber die Leitplanke! Wir fahren gegen die Leitplanke", brüllte ich in einem Ton, den selbst eine Opernsängerin blass vor Neid werden ließ.

Für seine verschlafene Stimme reagierte er außergewöhnlich geistesgegenwärtig. Blitzschnell waren seine Hände dort, wo sie hingehörten: am Steuer. Keine zehn Zentimeter vor der Leitplanke riss er das Lenkrad nach links, fuhr mehrere Meter auf dem Seitenstreifen, bis er schließlich in der Straßenmitte die völlige Kontrolle über das Auto wiedererlangte.

„Ich dachte, du bist frisch verliebt!", schrie ich nach vorne.

„Was hat das damit zu tun?", fragte Niels noch völlig verschlafen.

„Was das damit zu tun hat? Wenn du wirklich verliebt bist, findest du nicht, dass das ein ungeschickter Zeitpunkt ist, gegen die Leitplanke zu krachen? Wäre ja möglich, dass man davon stirbt. Und jetzt fahr bitte bei der nächsten Ausfahrt raus! Trink was! Steck deinen Kopf in die Kloschüssel. Drück die Spülung! Egal! Hauptsache du bist danach wieder fit."

Glücklicherweise war dies der einzige Aufreger auf der Hinfahrt. In Wien angekommen, checkten wir im Hotel ein. Es war groß und modern. Immerhin mussten 120 Künstler mit ihren Begleitpersonen darin übernachten. Die Vereinigung versuchte, immer das beste Hotel, das für unsere speziellen Belange geeignet war, zu finden. Behindertengerechte Zimmer, barrierefreie Zugänge und eine einigermaßen rollstuhlgerechte Umgebung. Bei dieser Vielzahl von behinderten Menschen war es aber unmöglich jedem ein Zimmer mit befahrbarem Bad zur Verfügung zu stellen. Trotzdem war ich entsetzt, als ich in meinen Räumlichkeiten eine Duschkabine mit Absatz vorfand. Das brauchte ich erst gar nicht zu versuchen. Der Absatz war kein Problem. Die Duschkabine schon.

„Da passt ja nicht mal ein Zwergenrollstuhl rein", stellte ich fest und war verwirrt. Es war Sommer. Mit meinen täglichen Hitzewallungen, gepaart mit Kältemissempfindungen würden die Schmerzen unerträglich werden. Wie sollte ich jemals auf eine normale Temperatur kommen?

Glücklicherweise hatte die Vereinigung für solche Fälle ein kleines Büro im Hotel eingerichtet. Dort konnten wir Künstler unsere Belange vortragen. Schnell war eine Lösung gefunden.

„Sie können im Wellnessbereich unter die Dusche", sagte die freundliche Dame im Büro.

„Perfekt! Wo ist denn der Wellnessbereich?", fragte ich begeistert.

„Im ersten Stock. Westseite."

„Wir wohnen aber im sechsten Stock. Ostseite", antwortete ich kopfschüttelnd.

„Das ist ein Stück zum Laufen", sagte die Dame mit bedauernder Stimme.

Es half nichts. Alle anderen Zimmer im Hotel waren belegt. Entweder ich würde Hitzewallungen ohnegleichen bekommen, oder den morgendlichen Hotelspaziergang im Toilettenstuhl auf mich nehmen müssen. Ich entschied mich für

Letzteres. Um nicht in den Frühstücksverkehr zu geraten, klingelte der Wecker schon um 6:30 Uhr. Ein Brot mit Honig im Bett, dann saß ich splitternackt im Toilettenstuhl. Eingewickelt in einem überdimensionalen weißen Handtuch ging es auf die ungewöhnliche Reise. Ich hatte mich getäuscht. Es gab wirklich Menschen, die schon um diese Zeit wach waren.

„Wie kann man in seinem Urlaub schon so früh aufstehen?", sagte ich kopfschüttelnd.

„Liegt vielleicht daran, dass es ein Business Hotel ist", entgegnete Niels.

„Daran könnte es liegen", sagte ich kleinlaut.

Schon auf den ersten Metern begegneten uns zwei Hotelgäste. „Guten Morgen!"

„Guten Morgen!" Mann, war das peinlich!

Am Aufzug angekommen, drückte Niels zügig den Abwärtsknopf. Dem Fahrstuhl war das aber egal. Er ließ sich Zeit. In meinem Ohr dröhnte mein gerade selbst getexteter Song: „Komm, lieber Aufzug. Komm, komm, lieber Aufzug!" Wider Erwarten erreichte der Fahrstuhl noch vor Ende des Liedes den sechsten Stock. Die Türen öffneten sich. Zum Glück war keiner drin. Ein Druck auf Stockwerk Nummer eins. Dort angekommen, sah man Sekunden später einen jungen Mann mit einem Behinderten im Toilettenstuhl durch das Eingangsfoyer rennen. Der Mann im Stuhl war nur leicht bekleidet mit einem Handtuch. Männer im Nadelstreifenanzug und Frauen im schicken Kostümchen beobachteten verwundert das Schauspiel. Ich kam mir in diesem Moment wie ein „Flitzer" im Fußballstadion vor. Fehlte nur noch die hinter mir herrennende Security.

Nach drei Minuten Dauerlauf waren wir im Wellnessbereich angekommen. Wenigstens gab es abschließbare Duschen. Wir atmeten auf. Zeit dafür war nicht. Schon beim Duschen stellte ich mich wieder seelisch auf den Rückweg ein.

Wir rasten los und zogen einen Kondensstreifen aus Rosenduft hinter uns her: Niels mein Motor. Ich der Mitfahrer. Er sprintete mit mir durch die langen Korridore. Mal links. Mal rechts. An kopfschüttelnden, lachenden und überraschten Gesichtern vorbei.

„Guten Morgen! Guten Morgen! Guten Morgen!"

„Nur nicht aufhalten lassen", sagte ich. Fragen wurden im Rennen beantwortet.

„Nein, es ist nicht so, wie es aussieht!"

„Nein, das ist kein weißer Bademantel. Und nein, ich bin auch nicht Udo Jürgens."

Dann mit Vollgas um die Ecke. Eine Gruppe Geschäftsleute kam uns entgegen. „Nein, ich habe keine Wette verloren" und „Nein, wir hatten keine feuchtfröhliche Party, die jetzt vollkommen aus dem Ruder läuft."

Kurz vor dem Foyer hielt mich dann noch ein Araber für einen Scheich, der zu faul war, um zu laufen. Was für ein Morgen. Eines brachte die Situation auf jeden Fall mit sich: neue Kontakte. Wie wenn man mit einem Welpen durch den Stadtgarten spaziert und jeder ruft: „Ach, ist der süß!" In meinem Fall fanden die Leute die Situation nicht süß, sondern skurril. Alles, was ich wollte war, so schnell wie möglich in mein Zimmer. Normale Klamotten anziehen. Und dann zu den anderen Künstlern.

Inzwischen quoll die Eingangshalle fast über vor Hotelgästen. Der Gang durch die Menge glich einem Spießrutenlauf. Durch das weiße Handtuch, welches locker um mich herumgewickelt war, musste meine Schamesröte im Gesicht wohl hervorgestochen sein wie ein Leuchtturm im Nebel.

Endlich standen wir vor dem Aufzug. Er war ein wenig abgelegen. Glücklicherweise. Eine ältere Dame mit ihrem Hündchen gesellte sich zu uns. Auch sie wollte in den sechsten Stock.

„Guten Morgen!", sagten Niels und ich freundlich.

„Guten Morgen. Schickes Outfit!", erwiderte die Dame und blickte an mir herunter.

„Dankeschön. Stand heute lange vor dem Spiegel, bis ich das Richtige herausgesucht hatte", lachte ich.

„Das glaube ich gerne", entgegnete sie mit einem Lächeln und fügte hinzu: „Ich möchte Ihnen ja nicht zu nahe treten, aber ich glaube, ich sollte Sie darauf hinweisen, dass man Ihren ..." Sie stockte mitten im Satz. Statt diesen zu beenden, zeigte sie auf meine Rückseite.

Im Vorraum waren rundherum Wandspiegel angebracht. So konnte ich mich von allen Seiten begutachten. Ich erstarrte. Erkannte ich doch im rückwärtigen Spiegel, dass man meine gesamte Rückseite, meinen blanken Allerwertesten, sehen konnte.

„Super Niels! Jetzt kennt das halbe Hotel meinen Arsch." Die Dame lachte. Glücklicherweise kam in diesem Augenblick der Aufzug. Wir verabschiedeten uns im sechsten Stockwerk von der Dame und rollten mit Hochgeschwindigkeit in unser Zimmer.

„Niels! So ein Desaster möchte ich nie mehr erleben."

„Glaubst du ich?", antwortete er.

Nach dieser Aktion standen wir morgens anderthalb Stunden früher auf. So waren wir wenigstens nicht mehr der „Running Gag" im ganzen Hotel. Am letzten Tag, wir waren gerade beim „Auschecken", stand die ältere Dame mit ihrem Hund wieder neben uns.

„Na, diesmal nicht im Adamskostüm?", lachte sie.

„Nein, diesmal nicht!", antwortete ich.

„Schade!", sagte sie, streichelte über meine Schulter und verließ das Hotel.

In Wien stellten wir in einem der berühmtesten Museen Österreichs aus. Der Albertina. Die Wiener Philharmoniker spielten für uns in der Oper. In der Hofburg und auf Schloss

Schönbrunn wurden wir von Militärkapellen mit Johann-Strauß-Märschen begrüßt.

Eine unvergessliche Reise ging zu Ende. Auf der Rückreise füllte Niels statt Diesel Benzin in mein Auto. Das Resultat: Der ADAC musste kommen und uns abschleppen. Der Tank wurde ausgepumpt, gesäubert und frischer Diesel eingefüllt. Kosten: 180 Euro.

Virtueller Tagebucheintrag: Man kann es auch positiv sehen. Immerhin wurde ich mal wieder abgeschleppt.

19. Storcki und das Stadttor

Thorsten, ein Abiturient, der auch am Bodensee wohnte, war gleich mein Favorit bei der Auswahl meiner Zivi-Bewerber. Er war nett, nicht auf den Mund gefallen und zudem humorvoll. Das passte. Ob er auch noch zuverlässig, verantwortungsvoll und pünktlich war, würde sich so oder so erst nach ein paar Wochen herausstellen. Im Laufe der Jahre hatte ich gelernt, dass diese Eigenschaften nicht immer Hand in Hand gingen. Bei Thorsten war dies glücklicherweise der Fall.

Thorsten erinnerte mich sofort an den kleinen Michael aus der Storck-Riesen-Werbung. Eine Werbung aus den achtziger Jahren, in dem der kleine Michael in einen Tante-Emma-Laden geht und mit leuchtenden Augen sagt: „Storck-Riesen bitte, Frau Lange!" Das erste dieser Karamellbonbons packte er gleich aus und aß es noch bei der Verkäuferin im Laden. Dann ein Filmschnitt. Zwanzig Jahre später. Frau Lange war bereits ergraut und der groß gewordene „kleine Michael" betrat wieder den Tante-Emma-Laden mit den gleichen Worten. Wieder aß er den ersten der Karamellbonbons bei Frau Lange.

Wer den „kleinen Michael" vor Augen hat, weiß, wovon ich schreibe. Er war klein. Eine Mischung aus „Ach, ist der herzig" und „Der wird bestimmt gemobbt in der Schule". Zudem hatte er eine Nickelbrille und eine süße Stupsnase. So sah Thorsten aus, nur eben älter. Sein Spitzname war schnell gefunden. Aus Thorsten wurde Storcki.

Storcki war schon einige Monate bei mir, als Tante Ruth ins Krankenhaus musste. Ein Krankenbesuch war fällig. Da mein Auto zu dieser Zeit in der Werkstatt war, fragte ich Frau Hengstler vom Regenbogen e.V. um Hilfe. Sie hatte ja zwei behindertengerechte Fahrzeuge.

Wenig später stand der Wagen vor der Tür. Storcki schob mich über eine Rampe hinauf in den Bus. Den Rollstuhl musste er nur noch am Boden fixieren und wir konnten losfahren.

Keine zehn Minuten später waren wir am Krankenhaus angekommen. Der Besuch bei meiner Tante war nicht sehr erfreulich. Es ging ihr nicht gut. Eigentlich war sie nicht meine richtige Tante. Sie war eine gute Freundin meiner Mama. Tante Ruth war Ballettmeisterin gewesen. Als meine große Schwester klein war, hatte sie Ballettunterricht bei ihr gehabt. In jungen Jahren waren wir oft bei ihr. Sie war es auch, in deren Zigarette ich vor Jahrzehnten gelaufen war. Nun war sie alt und gesundheitlich schwer angeschlagen.

Die Rückfahrt war bedrückend. Meinem Magen war dies egal. Er riss mich mit einem lauten Knurren aus meiner melancholischen Stimmung.

„Wollen wir noch beim Metzger halten und Fleischkäsebrötchen kaufen?", schrie ich nach vorne ins Fahrerhaus. Den Geräuschpegel im Businneren konnte man ohne Übertreibung mit dem eines Düsenjets im Tiefflug vergleichen. Der Bus hatte bestimmt einen Panzermotor drin. Einen russischen Panzermotor. Mit Loch im Auspuff, da war ich mir sicher.

„Können wir gerne machen", schrie „Storcki" zurück. „Fleischkäse geht immer!"

In diesem Moment bemerkte ich, dass wir kurz vor dem Überlinger Stadttor waren. Ein historisches Stadttor aus dem 14. Jahrhundert. Gebaut, um die damals reiche Stadt vor Feinden zu beschützen. Schon hunderte Male hatte ich es gesehen. Schon hunderte Male war ich hindurchgefahren. Schon hunderte Male. Aber eben nicht mit diesem Bus. Gedanken schossen mir durch den Kopf. Was für eine Durchfahrtshöhe hatte das Stadttor? Und wie hoch war um Gottes Willen der verdammte Bus? Zwei Meter achtzig das Tor? Zwei Meter vierzig der Bus? Oder war es anders herum? Nur noch fünfzehn Meter bis zum Tor. Geschwindigkeit: 50 km/h. Wie berechnet man überhaupt einen Bremsweg?

Es war mein letzter klarer Gedanke. Dann schrie ich einfach nur noch: „Storcki, halt an! Der Bus passt nie und nimmer durch das Tor."

Durch mein hysterisches Geschrei trat Storcki erschrocken auf die Bremse. Ich musste zugeben, die Bremsen waren besser als der dröhnende Panzermotor. Ich hatte den Eindruck, dass das Fahrzeug überhaupt keinen Bremsweg brauchte. Wir stoppten schlagartig. Der Bus stand. Der Rollstuhl stand. Und nur ich, ich der mal wieder nicht angeschnallt war, flog. Und ich flog schnell. Im Flug schaute ich noch aus dem Fenster. Ein alter Mann auf der Straße. Er drehte sich zu mir um. Dann hörte ich ein lautes Krachen. Mein Körper schlug auf dem harten Untergrund auf. Zum Glück war die Ladefläche groß genug, um mir eine elegante Landung zu ermöglichen. Ich lag da und erst jetzt bemerkte ich, was die Ursache des lauten Krachens gewesen war. Mein Gesicht schmerzte. Ich war mir sicher, dass meine Nase direkt in den Kopf hineingedrückt worden war. Mein erster klarer Gedanke: „Meine Schönheit ist dahin!"

Zuerst querschnittsgelähmt und im Rollstuhl, und jetzt noch aussehen wie ein Pekinese. Ich mochte keine Pekinesen. Für mich waren das kleine Kläffer, die nur auf der Welt waren, um Rollstuhlfahrern im Weg herumzulaufen. Jetzt würde ich zu ihnen gehören. Warmes Blut lief mir aus der Nase. „Gut gemacht Lars, hättest du dich mal anschnallen lassen sollen!", dachte ich und ärgerte mich über mich selbst.

Auch „Storcki" hatte in der Zwischenzeit bemerkt, dass kein Lars mehr im Rollstuhl saß. Stattdessen lag dieser verdreht auf der Ladefläche. Storcki sprang auf und quetschte sich durch Fahrer- und Beifahrersitz nach hinten. Behutsam hob er meinen Kopf an.

„Wie sehe ich aus?", fragte ich.

„Scheiße!", antwortete er knapp.

Hätte er das nicht etwas schonender ausdrücken können? Ein Psychologe würde wohl nicht aus ihm werden. „Bleib ruhig Lars", versuchte ich es noch einmal.

„Geht das auch ein bisschen detaillierter, Storcki?"

„Nun ja, sagen wir mal so, wir sollten wieder zurück ins Krankenhaus fahren."

Das war zwar nicht, was ich hören wollte, aber was blieb mir übrig? Storcki zog mich über die Ladefläche, hinüber zum Rollstuhl. Wie sollte er mich nur dort hineinbekommen? Er war ja nicht gerade Arnold Schwarzenegger. Eher Danny DeVito. Storcki stand wohl genauso unter Schock wie ich. Gefüllt mit Adrenalin hievte er mich fast mühelos in den Rollstuhl. Was für eine Leistung! Er war mein Held des Tages. Der alte Mann stand immer noch auf der Straße. Diesmal kopfschüttelnd. Storcki setzte sich wieder hinter das Steuer, startete den russischen Panzermotor und lachte.

„Soll ich dir mal etwas Lustiges zeigen?", schrie er, versuchend, den Motor zu übertönen. Ohne eine Antwort abzuwarten, fuhr er durch das Stadttor. Der Bus passte ohne Mühe durch. Ganze sechzig Zentimeter waren bis zum oberen Torbogen Platz. Ich musste schmunzeln. Lachen ging nicht, wegen der Schmerzen.

Am Krankenhaus angekommen, wäre ich noch fast beim Rückwärtsfahren aus dem Bus gefallen. Durch die Schmerzen konnte ich den Rollstuhl-Joystick nicht richtig bedienen.

Wir mussten nicht lange in der Notaufnahme warten, bis der Arzt kam.

„Klassischer Nasenbeinbruch", sagte er schließlich.

„Schlägerei gehabt", antwortete ich.

Seit diesem Erlebnis lasse ich mich im Auto immer anschnallen. Doppelt und dreifach. Trotz Nasenbeinbruch hat meine Schönheit nicht darunter gelitten. Der alte Bus steht heute wahrscheinlich auf einem Panzerfriedhof. Storcki, ich nenne ihn heute noch so, ist seit vielen Jahren verheiratet, hat zwei süße Kinder und ist Optikermeister.

Virtueller Tagebucheintrag: Psychologe ist er glücklicherweise nicht geworden.

20. Storcki und der Blitzschlag

Lotto am Mittwoch! Für mich war das jahrelang ein Muss. 6 - 27 - 31 - 33 - 43 - 49. Diese oder ähnliche Zahlen waren *meine* Zahlen. Die Geburtstage meiner Lieben durften genauso wenig fehlen wie das Datum, an dem ich zum ersten Mal im Leben einen Kuss von einem Mädchen bekam. Schon das Ausfüllen des Scheins war wie die Unterschrift auf einem Blankoscheck. Höchstpersönlich gerichtet an Herrn Lars Höllerer. An den zukünftigen Lottomillionär. Lotto spielen –das Glück des kleinen Mannes. Träumend, mit der „Was-wäre-wenn-Frage" im Hinterkopf, konnte man den dummen Chef und den öden Alltag gleich viel besser ertragen.

Auch ich war in diesem „Bald-bin-ich-glücklich-wenn-Modus". Ein Penthouse mit Blick auf türkisfarbenes Wasser, am Horizont ein Segelboot ... Mein Segelboot. Ich konnte es mir in den buntesten Farben ausmalen. Die Vorstellung war reizvoll: An einem Tisch zu sitzen, der gedeckt war mit Mangos, Ananas und Pfirsichen. Geerntet aus dem eigenen Garten. Als Sahnehäubchen der frisch geschüttelte Cocktail. Gereicht von einer Südseeschönheit. Was für ein Leben! Was für ein Traum!

Mittwoch 18:30 Uhr: „Guten Abend, meine Damen und Herren! Die Zahlen der heutigen Ziehung lauten ..."

Egal! Es waren immer die Falschen. Penthouse, Meer, Mangos, Cocktails und Südseeschönheit lösten sich in Wohlgefallen auf.

In all den Jahren hatte mir das Glück zwei Dreier gegönnt. Ein gespritzter Pfirsich von Edeka. Mehr war nicht drin. Die Hoffnung besiegte die Logik. Chance 1 : 140 Millionen. Es war wahrscheinlicher, zweimal vom Blitz getroffen zu werden als im Lotto zu gewinnen. Das wusste ich. Ich wandte mich wieder meiner realen Welt zu.

„Storcki, kannst du mal die Bude aufräumen?", fragte ich ihn eines Tages. Was war das für ein Anblick: bezahlte Rechnungen, Zeitschriften, Bilder, geöffnete und ungeöffnete Briefe, eine Chipstüte und ein Laptop. All das stapelte sich auf dem hölzernen Tisch vor mir. Nicht einmal ein Männerhaushalt entschuldigte diesen Saustall. Zwar war mein Haushalt weit entfernt von Ratten und Mäusen, doch aufgeräumt sah anders aus.

Heute hatte Storcki Dienst und das war der perfekte Zeitpunkt zum Aufräumen. Er war der ideale Hausmann und genauso nützlich wie ein guter Staubwedel. Klein, praktisch, gut. Storcki kam in jede Ecke. Nach einer halben Stunde war das Allerlei auf zwei Stapel verteilt. Der jetzt übervolle Mülleimer war zum Leeren bereit.

„Schau mal, was ich gefunden habe!", sagte Storcki. Er wedelte mit einem zerknitterten Lottoschein.

„Ist bestimmt schon abgelaufen?", antwortete ich, vom Laptop aufschauend.

„Soll ich mal zum Tabakshop gehen und fragen, ob du Millionär bist?"

„Danke Storcki, aber schau dir den Schein doch an! Der ist schon so alt, dass die Motten darauf den Gewinn längst aufgefressen haben."

Mein Blick wanderte zurück auf den Bildschirm. Interessiert las ich einen Artikel über einen Milliardär, der in einer Minute mehr verdiente als ein Durchschnittsverdiener im ganzen Monat. Das Glücksrad der Perversität drehte sich weiter und weiter. Egal auf welchem Erdkreis. Egal in welchem Jahrhundert.

Am Abend trottete Storcki ins Zimmer.

„Alles klar, kleiner Mann?", rief ich, die Augen, wie vor Stunden, starr auf den Bildschirm gerichtet.

„Alles klar, alter Mann!", entgegnete Storcki. Er stellte sich hinter mich und beobachtete eine Zeit lang das Geschehen.

„6 aus 49 war mal wieder nichts!", sagte er schließlich.

„Hätte ich drauf wetten können!", entgegnete ich wenig überrascht. Ich tröstete mich damit, wenigstens den zwei Blitzschlägen entgangen zu sein.

„6 aus 49 war nichts. Aber Super 6 hat zugeschlagen!" Storcki legte mir zwei Fünfhundert-Euro-Scheine auf die Tastatur.

„Wie genial ist das denn?", rief ich enthusiastisch.

Der Tag war mein Freund. Worüber sollte ich mich mehr freuen? Über die Ehrlichkeit von Storcki oder über das Geld? Ich tat beides! Heute ärgere ich mich darüber, ihm nur zehn Prozent Gewinnbeteiligung gegeben zu haben. Er hätte mehr verdient.

Virtueller Tagebucheintrag: Storckis Kontonummer erfragen?

21. Fischer Hannes

Hannes kam aus Würzburg. Nicht gerade der nächste Weg. Die Strecke betrug immerhin an die dreihundert Kilometer. Er war neunzehn Jahre alt und hatte in seiner Heimatstadt gerade sein Abitur gemacht. Mit seinen blonden Haaren, die er meist als Pferdeschwanz mit sich herumtrug, wäre er locker als Schwede durchgegangen. Er hatte sich hier auf die Stelle beworben, weil er seit Jahren hochfrequenzverliebt war. Sarah, seine Angebetete, war der Grund seiner Schmetterlinge im Bauch. Sie war blond, hatte ein süßes Lächeln und war ein wirklicher Hingucker. Beide hatten sich bei einer Familienfeier über tausend Ecken kennengelernt. Die Nichte der Großnichte, deren Schwager dessen Putzfrau sozusagen. Sie war damals süße fünfzehn Jahre alt.

Sarah wohnte in Überlingen. Er in Würzburg. Für eine junge Liebe war das ein weiter Weg. Es blieb ihnen nichts anderes übrig, als die lange Fahrt jedes zweite Wochenende auf sich zu nehmen. Erst mit dem Roller, der Bahn oder später mit dem Auto. Immer der Liebe entgegen. Die Lösung war eine Zivistelle am Bodensee. Zwei liebende Einzelteile würden zu einem fetten roten Herzen verschmelzen. Dem wollte ich nicht entgegenstehen und so schlug ich ihn zum Ritter der freiwilligen Helfer im Hause Höllerer.

Hannes war ein leidenschaftlicher Angler. Wenn er nicht arbeitete oder mit Sarah kuschelte, angelte er im Bodensee. Das war nicht ganz legal, aber erfolgreich. Wer im „schwäbischen Meer" angeln wollte, der brauchte einen Angelschein. Den hatte er aber nicht. Dafür eine Internetseite, auf der er allerlei Fischerutensilien verkaufte: Angeln, Blinker, Haken, Köder. Alles, was das Fischerherz begehrte.

Eines schönen Tages, als Peter, der Arbeitskollege von Hannes, unseren Kartoffellauchauflauf vorbereitete, hörte ich ein lautes Fluchen aus der Küche.

„Peter, haben wir ein Problem?", frage ich.

„WIR ist gut gesagt. Im Kühlschrank stehen zwei Schachteln voll von kleinen Würmern. Und zu allem Überfluss leben die noch."

Peter kam mit einer der Kisten ins Zimmer, stellte sie auf den Esstisch, öffnete den Karton, und zum Vorschein kam ein Gewusel von tausenden kleiner Würmchen. Ich war irritiert. Hannes hatte es fertiggebracht, eine Lieferung von lebendigen Angelködern in meinem Kühlschrank zu deponieren. Ich wusste nicht, ob ich ihm den Kopf runterreißen, die Würmchen in einem chinesischen Gericht verarbeiten oder mich einfach mal kurz übergeben sollte.

„Mein lieber Kollege kommt erst in fünf Tagen wieder. Was sollen wir mit den Dingern machen?", fragte Peter amüsiert. Ich hatte keine Ahnung. Mein Essen mit zehntausend, lebenden Maden in meinem Kühlschrank alleine zu lassen, machte mir kein gutes Gefühl. Würde ich die Kisten mit den Würmchen aber auf den Balkon stellen, wäre ich am nächsten Morgen wahrscheinlich ein Massenmörder. Auf der Kiste stand fett und deutlich „unbedingt kühl lagern". Ein Hinweis, der den Rauswurf aus meiner Wohnung erheblich erschwerte. Es war Hochsommer, und in der Nacht waren es gut und gerne mal zwanzig Grad.

So beschloss ich, mein Essen in der Tiefkühltruhe zu lagern. Keine glorreiche Idee im Nachhinein. Die nächsten Tage musste ich meinen Joghurt lutschen. Wenigstens bekam ich keine Albträume. Ich hatte mir schon vorgestellt, dass ich von den kleinen Biestern im Traum verspeist würde. Mitsamt meiner Jogginghose und dem T-Shirt mit dem Aufdruck „Kleinvieh macht auch Mist".

Ich gewöhnte mich schnell an meine WG-Kollegen. Solche Untermieter hatte schließlich nicht jeder. Dementsprechend ausgeglichen war ich, als Hannes seinen Dienst nach seinen fünf freien Tagen wieder begann. Die Liebe zwischen Sarah und Hannes war immer noch frisch und stark. Doch nach und nach bildete sich am blauen Horizont die eine oder andere Schlechtwetterwolke. Sarah fühlte sich vernachlässigt. Hannes genoss es sichtlich, seine Angel in verbotene Gewässer zu hängen. Sporttechnisch versteht sich. Dabei vergaß er seine Umwelt und blöderweise gleich seine Süße mit. Der Angelsport war eben seine große Leidenschaft. Und Hannes war erfolgreich: Nicht weniger als drei Fische holte er täglich aus dem See. Zuerst versorgte er nur mich damit. Dann Eva-Maria und Papa, danach unsere Nachbarn, Rosemarie und Heinz. Schließlich versorgte er die ganze Straße. Selbst in dem kleinen Flüsschen hinter unserem Haus war er erfolgreich. Aus dem Rinnsal fischte er doch tatsächlich zwei Fische, die bald ihr Ende in der Bratpfanne fanden. Ich aß Fisch bis zum Abwinken: Kretzer, Saibling, Hecht, Karpfen und weitere, deren Namen ich gleich nach ihrem Verspeisen wieder vergaß. Es gab Montag Fisch, Dienstag Fisch, Mittwoch Fisch und, oh Wunder, die restlichen vier Tage der Woche Tiere mit ähnlich klingendem Namen. Hätte es eine Weltmeisterschaft im illegalen „Schnell-viel-Fischen" gegeben, er wäre der gekrönte König in dieser Disziplin gewesen.

Hannes war schon ganze elf Monate bei mir, als Tim, mein Neffe in Frankfurt, getauft wurde. Meine „kleine" Schwester hatte es der Liebe wegen dorthin verschlagen. Mein Zivi packte meine Siebensachen für den Kurztrip. Wie jedes Mal war das Gepäck so umfangreich wie für eine kleine Weltreise. Dann ging's los. Bodensee - Stuttgart - Frankfurt.

Nach vier Stunden waren wir in der Landeshauptstadt Hessens. Das Hotel war einfach, aber wie immer klasse. Hotel „Ibis", ein 2-Sterne-Hotel, war für Rollstuhlfahrer nur zu empfehlen. Die Klamotten waren schnell ausgeräumt. Die Pflegeartikel im Bad verstaut. Die Antidekubitusmatratze aufs Bett geschmissen. Jetzt fehlte nur noch das Aggregat für die Matratze.

„Lars, ich glaube, wir haben ein Problem", rief Hannes aus dem Badezimmer. Ich schreckte auf. „Wir haben ein Problem" war so ähnlich wie „Lars, ich muss dir mal was sagen!" Beide Sätze brachten meine Alarmglocken zum Läuten. Hannes sagte: „Wir haben ein Problem!" und nicht „Wir haben ein kleines Problem!"

„Gar nicht gut. Gar nicht gut!", dachte ich, und fragte: „Was is'n?"

„Ich habe das Ladeaggregat für die Matratze in Überlingen vergessen."

„Da gehört es hin!", rief ich aufgeschreckt zurück und fügte, als ich das Ausmaß realisierte, noch schreiend hinzu: „So ein Dreck aber auch!"

Ich war mehr als wütend. Ich wusste, ohne Aggregat gab es keine funktionierende Matratze. Und damit auch keine Entlastung für meinen Popo. Meine Gedanken fuhren Achterbahn. Zurück nach Überlingen? Undenkbar. Ein anderes Aggregat beim örtlichen Orthopädiefachhandel ausleihen? Möglich. Aber nicht um 22:00 Uhr. Der einzige Weg, nicht dem Wahnsinn zu verfallen, war unumgänglich. Ich musste auf einer normalen Matratze schlafen. Also die Schnitzelmethode: Ich musste alle vier Stunden von einer Seite auf die andere gedreht werden. Eine „herrliche" Vorstellung.

Die Nacht war schrecklich. War ich gerade eingeschlafen, musste ich wieder gedreht werden. Am Morgen danach saßen ein Rollstuhlfahrer und dessen Helfer übermüdet in einer Kirche in Frankfurt. Wir lauschten einer Taufzeremonie. Mit rötlich unterlaufenden Augen. Beim Mittagessen in kleiner Runde waren wir wieder ansprechbar. Und abends, in einer lauschigen Taverne konnten wir sogar wieder mit einem gewissen Lächeln antworten. Der kleine Tim hatte seine Taufe gut überstanden und war nun aufgenommen in die christliche Gemeinschaft. Für einen kleinen Engel brüllte er noch recht viel. Dafür aber schön laut. Um in einen Engelschor aufgenommen zu werden, musste er noch kräftig üben.

Als Hannes mir gerade das zweite Glas Moselwein einschenken wollte, klingelte sein Telefon. Es war Sarah. „Hallo Sarah, kann ich dich später zurückrufen?" Das Gesicht des Angerufenen ließ erahnen, dass seine Gesprächspartnerin davon nicht begeistert war. Es knisterte in letzter Zeit heftig in ihrer Beziehung. Aus der „Schmetterling-im-Bauch-Liebe" war eine Diskussionsbeziehung geworden. Hannes stand vom Tisch auf und setzte sich auf eines der leeren Weinfässer nicht unweit unserer illustren Runde. Ich konnte nicht hören, worum es ging, doch seine wild gestikulierenden Arme ließen nicht auf Liebesbekundungen schließen. Meine Schwester reichte mir meinen wohlverdienten Moselwein. Lustige, interessante und kurzweilige Gespräche folgten.

„Wo ist Hannes?", fragte mein Vater.

Ich hatte keine Ahnung. Auf dem Gelände der Taverne war er auf jeden Fall nicht. Auch im weiteren Umkreis war kein Hannes zu sehen. Seit dem Telefonat mit Sarah waren Stunden vergangen.

„Der hätte sich auch abmelden können", sagte meine Schwester, und bestellte sich ihren vierten Pina Colada.

Ich stimmte zu. Die Laune ließen wir uns trotzdem nicht verderben. Das Fest war zu schön dafür.

Am späten Abend, die Runde löste sich langsam auf, war es Zeit aufzubrechen. Hannes war immer noch nicht zurückgekehrt. Petra, meine große Schwester und mein Papa fuhren mich ins Hotel. Dort angekommen, öffnete uns ein völlig betrunkener Hannes die Hotelzimmertür.

„Das nächste Mal meldest du dich bitte ab. Wir haben wie die Doofen nach dir gesucht!", sagte ich mit leicht gestresstem Unterton. Hannes drehte sich wortlos um. Mit ordentlicher Schlagseite wankte er zurück ins Zimmer. Mannoman! Hannes war betrunken wie ein Seemann auf Landurlaub.

Als Petra und Papa gegangen waren, fragte ich ihn, was mit ihm los sei.

„Sarah hat Schluss gemacht. Und das einfach so am Telefon." Er verbarg sein Gesicht in den Händen.

Was für ein Schock. Ich war mir sicher gewesen, dass die zwei noch in fünfzig Jahren zusammen sein würden. Ganz so wie die alten Pärchen, die Händchen haltend gemeinsam durch den Stadtpark liefen. Verliebt wie am ersten Tag. Nun war es aus. Die Schmetterlinge im Bauch hatten sich zur Ruhe gelegt. Wurden wieder zu Raupen. Doch bei Bedarf würden sie wieder zu farbenprächtigen Flugkünstlern aufblühen. Es war wie überall im Leben. Ein Erblühen und Verwelken. Trotz allem berührte es mich immer wieder aufs Neue, wenn eine Beziehung von mir liebgewonnen Menschen zerbrach. Hannes war am Boden zerstört.

„Heute wäre unser fünfjähriges Jubiläum gewesen. Und diese blöde Kuh macht Schluss", schluchzte er. Fünf Jahre! Eine lange Zeit im Leben eines jungen Menschen. Und jetzt brach das wichtigste Mosaikstück weg, mit dem man alt werden wollte. Das war zu viel für meinen Helfer. Nach dem

Telefonat mit Sarah hatte er sich Bierdosen im unteren zweistelligen Bereich gekauft. Respekt, seine Nieren waren sicher gut durchgespült.

Mit den üblichen Standardsätzen versuchte ich ihn aufzubauen. Erfolgreich war ich damit nicht. Die Situation blieb übel für Hannes. Mein von Amor verlassener Zivi griff in eine auf dem Bett liegende Tüte und holte sich eines der letzten Biere heraus. Armer Hannes. Er würde morgen früh nicht nur Liebeskummer haben, sondern sicher auch Kopfschmerzen.

„Alkohol ist keine Lösung!", sagte ich, und merkte im gleichen Moment, dass dumme Ratschläge auch nicht das „Ei des Kolumbus" waren. Wie aber sollte ich ihn sonst unter der Zweipromillegrenze halten? Hannes warf die gerade geöffnete, aber nun schon wieder leere Bierdose auf den Boden. Zielstrebig torkelte er erneut auf die Alditüte zu und holte sich ein weiteres Bier heraus.

„Bevor du das trinkst, bringst du mich bitte ins Bett! Bist ja nicht nur in Frankfurt, um deine Leber zu ruinieren", bat ich ihn, bevor er Bierdose Nummer zwölf köpfen konnte.

„Ich gehe noch kurz pinkeln!", lallte Hannes und wankte mehr seitwärts als vorwärts ins Bad. Hannes Haare waren nass. Er musste geduscht haben. Auch der Badezimmerboden war nass. Rutschig, gekachelte Fliesen glänzten im künstlichen Deckenlicht. Hannes hatte sich seiner Schuhe entledigt. Socken und rutschige Fliesen waren keine gute Mischung. Ein lauter Schlag. Ein kurzer Aufschrei, und Hannes lag auf dem Badezimmerboden.

„Hannes! Hannes? H-a-n-n-e-s?"

Aus dieser Sitzposition heraus, sah ich nur zwei Füße, mit den darüber gezogenen Socken, die für diese Rutschpartie verantwortlich waren.

„Hannes!", rief ich erneut. Mein Zivi antwortete nicht. War er ohnmächtig? War er tot? Oder einfach nur unglücklich verliebt? Ich machte mir Sorgen. Große Sorgen. Saß ich doch in einem Hotelzimmer, und konnte weder ans Telefon, noch einen Notruf absenden. „Hannes, bist du tot?", fragte ich in Richtung der geringelten Socken. Solche Momente liebte ich. Meine absolute Hilflosigkeit wurde mir mal wieder bewusst. Schlagartig bewusst. Mit meiner Situation, mit meinem Leben kam ich, wenn die Schmerzen erträglich waren, sehr gut zurecht. Der Spruch „Die Zeit heilt Wunden!" war abgelutscht, traf aber den Nagel auf den Kopf. Die Zeit hatte einen Schleier über meine schmerzhaften Erfahrungen, aber auch über die „Warum-Frage" gelegt. Die meiste Zeit war ich behütet durch eine gute Pflege. War umsorgt und gut betreut. Deshalb schlug die „Ich-bin-hilflos-Keule" in solchen Momenten umso fester zu. Hier und jetzt, vor dieser Badezimmertür, sah ich mal wieder, dass ich ohne einen anderen Menschen einfach verhungern würde. Selbst wenn vor mir ein reich gedeckter Esstisch stünde. Was sollte ich machen? Schreien? Vielleicht würde mich einer der Hotelgäste aus dem Nebenzimmer hören? Hannes lag immer noch bewegungslos im Badezimmer.

„Soll ich ihm einfach über die Beine fahren?", dachte ich kurz. Lieber mit gebrochenen Beinen aufwachen, als gar nicht. Als ich gerade mal wieder meinem Leben „Lebewohl" sagen wollte, bewegten sich die Socken. Ich atmete tief durch. Pure Freude stieg in mir auf.

„So eine Scheiße aber auch", hörte ich Hannes fluchen.

„Zieh die Socken aus, geh pinkeln, und bring mich endlich ins Bett!", rief ich. In meiner Stimme lagen Angst, Freude und Erleichterung. Hannes lebte, und ich musste nicht sterben.

Mehr recht als schlecht lag ich wenig später in stabiler Seitenlage im Bett. Ein Königreich für meine Antidekubitusmatratze, dachte ich. Vor meinem Unfall war ich Bauch- und Seitenschläfer. Herrlich, wenn man so sein Kopfkissen umknuddeln konnte und mit diesem wohlig schläfrigen Gefühl, dass man gerade die ganze Welt umarmt, einschlief. Die ersten Wochen nach meinem Unfall war dies eine absolute Quälerei.

Zwangsweise wurde ich zum Rückenschläfer. Eine totale Umstellung. Jetzt, Jahrzehnte später, wollte ich diesen Komfort nicht mehr missen. Nachts nicht gedreht werden müssen hatte schon etwas für sich.

Diesen Luxus vermisste ich umso mehr, da ich in diesem Moment recht ungemütlich in stabiler Seitenlage auf einem fremden Bett lag. Mein Blick zur Zimmermitte gerichtet, sah ich weder die Schiebetür zum Balkon noch den Sternenhimmel, der da draußen leuchten sollte. Wir befanden uns im achten Stock. Wenn man ihn sah, hatte das Zimmer einen tollen Ausblick. Über die Stadt, das Bankenviertel und weitere zahlreiche Hochhäuser, die vor einem lagen.

„Ich geh noch eine auf'm Balkon rauchen!", sagte Hannes, der gerade dabei war sich ein weiteres Bier aufzumachen.

„Ja, mach das. Aber sei mit einem Ohr bei mir. Ich habe heute echt die Schnauze voll von weiteren Überraschungen."

Mein liebeskranker Zivi gefiel mir gar nicht. Er war betrunken wie Alibaba und die vierzig Räuber. Und er litt wie ein Hund, dem man seinen Knochen weggenommen hatte. Nie mehr würde er seine Sarah im Arm halten können. Nie mehr ihren zuckersüßen Mund küssen!

Hannes schloss die Balkontür. Ich ließ den Abend Revue passieren. Die Taufe. Das Essen. Die nette Runde in der Taverne. Was würde wohl aus dem kleinen Tim einmal werden? Ein Fußballprofi? Ein Bauarbeiter? Ein Doktor? Gar ein Professor? Oder doch ein Astronaut, Handwerker oder Landwirt? Würde er glücklich werden? Oder am Leben verzweifeln? Welche Türen würden sich für ihn öffnen? Und welche schließen? Kein Mensch weiß es. Auch er nicht. Die Wundertüte des Lebens würde aufgehen und allerlei Geschenke und Kuriositäten für ihn bereithalten. Egal, ob er es wollte oder nicht. Für ihn wünschte ich mir, genau wie für mich, dass er immer unter Gottes Schutz wandelt, achtsam ist, und das Leben liebt. Erfüllung findet, in dem, was er tut.

Von diesen hehren Gedanken berührt, traf mich plötzlich ein archaischer Überlebensgedanke. Eine Anwandlung, die einen so schnell vom Himmlischen in die dunkle, angstvolle Welt zurückziehen konnte. Wo war eigentlich Hannes?

„Hannes? H-a-n-n-e-s?!"

Schon zum zweiten Mal an diesem Abend bekam ich keine Antwort von ihm. Die Panik stieg erneut in mir auf. Betrunken. Liebeskummer. Und mehr als traurig. Einzeln waren diese Zustände schon miserabel. Doch zusammen war das gar keine gute Kombination, um alleine auf einem Balkon im achten Stock zu stehen. Noch wollte ich den Gedanken nicht aussprechen. Bestimmt hatte er mich nicht gehört.

„H-a-n-n-e-s?"

Ich weiß nicht, wie oft ich seinen Namen in der nächsten halben Stunde geschrien hatte. Am Ende war ich mir sicher, dass heute nicht nur die Liebe zwischen Hannes und Sarah geendet hatte. Ich sah schon die Schlagzeile in der Bildzeitung: „Aus Liebeskummer in den Tod gesprungen".

Sarah würde am Grab stehen. Weinend und mit schlechtem Gewissen. Gleich würde die Hotelzimmertüre aufgehen. Aufgeschlossen vom Hausmeister des Hotels oder von der GSG 9. Ein Kommissar. Bewaffnete Polizisten und ein Fotograf von der Bildzeitung stürmten das Zimmer. Aufgefunden wurde, so konnte man lesen, statt eines Abschiedsbriefes, nur ein vom Hals ab querschnittsgelähmter Mann, der nackig in stabiler Seitenlage auf dem Bett lag. Das davon entstandene Tatortfoto würde am nächsten Tag unter der Headline auf der ersten Seite der Zeitung präsentiert. Was für eine grauenhafte Vorstellung.

Doch nichts davon passierte. Kein Kommissar, keine Polizei und auch kein Fotograf stürmten das Zimmer. Alles blieb ruhig. Nur ab und zu schrie eine einsame Stimme in einem Zimmer im achten Stock eines Hotels in Frankfurt. Nach und nach wurde sie leiser, seltener und hoffnungsloser.

Ein Quietschen zerriss die Stille. Es war eine Balkontür im achten Stock eines Hotels in Frankfurt. Hannes kam herein. Auf seinen Ohren ein Kopfhörer. Selbst ich, der drei Meter weit von ihm entfernt war, hörte die laute Musik. Die Tüte, in der die Dosen gewesen waren, war leer.

„Das Bier ist alle", sagte Hannes. „Ich habe mit einem Freund geredet. Über Sarah. Über die Trennung. Und das Leben."

Ich dankte dem lieben Gott dafür, dass Hannes den Sprung in die Tiefe nicht gewagt hatte.

Schon bald tröstete sich Hannes mit zahlreichen weiteren Schönheiten. Sarah war Geschichte. Heute lebt Hannes wieder in Würzburg und ist seit sechs Jahren mit der gleichen Frau zusammen. Er ist immer noch passionierter Angler.

Virtueller Tagebucheintrag: Petri heil!

22. Allein im Auto

Wenige Monate nach Tims Taufe, es war Herbst geworden, hatte ich einen Termin in der Klinik in Murnau. Eine Blasenuntersuchung stand an. Das Krankenhaus hier hatte eine riesige Abteilung für querschnittsgelähmte Menschen und war spezialisiert auf „behinderte Blasen". Murnau liegt im Vorland der bayerischen Alpen, siebzig Kilometer von München entfernt. Bekannt geworden ist die Stadt durch berühmte Maler und die Schule der „Blauen Reiter". Unter anderem Kandinsky und Gabriele Münter lebten und arbeiteten Anfang des 20. Jahrhunderts dort.

Ich ließ die Blasenuntersuchungen über mich ergehen. Das bedeutete für mich: zwei Wochen im Krankenhaus. Ich war froh, als der Doktor ins Zimmer kam und sagte: „Es ist alles in Ordnung, Herr Höllerer. Sie können ihre Siebensachen packen und wieder an den schönen Bodensee fahren".

Das ließ ich mir nicht zweimal sagen. Ich hasste Krankenhäuser. Ich war einfach viel zu oft schon dort gewesen. Daniel, mein neuer Zivildienstleistender, packte die besagten Siebensachen ins Auto. Er war schon zwei Monate bei mir. Daniel war etwas älter als die üblichen Zivis, vierundzwanzig Jahre und aus der Nähe von Frankfurt. Er hatte eine Lehre als Mechatroniker in der Tasche und war zuvor für ein Jahr in Australien gewesen. Sozusagen von der großen, weiten Welt in die Puppenstube von Lars. Das Leben konnte grauenhaft sein. Und der Staat unerbittlich in Sachen Zivildienstleiste.

Daniel wohnte während der Tage, an denen ich die Zeit im Krankenhaus totschlug, nicht weit entfernt in einer kleinen Pension. Bei solchen Reisen hatte ich mir angewöhnt, immer meine freiwilligen Helfer mitzunehmen. Am Morgen zum „Schönmachen" und am Abend zum Ins-Bett-bringen kam Daniel und übernahm die Aufgaben des Krankenpersonals. Es kann sein, dass ich durch meine gute Pflege zu Hause verwöhnt war. Möglich auch, weil ich über die Jahre in Krankenhäusern nicht immer gute Erfahrungen gemacht hatte. Es wird wohl beides gewesen sein. Durch meine Helfer verspürte ich Sicherheit und Lebensqualität. Das wollte ich mir nicht nehmen lassen.

Ich freute mich wie ein Schneekönig auf meine eigenen vier Wände. Kein lautes Schnarchen von sonst ganz netten Zimmerkollegen. Kein plötzliches Hereintrampeln der Nachtschwester, die mit lauter Stimme rief: „Entschuldigung, Männer. Ich habe mich im Zimmer geirrt!" Es würde herrliche Ruhe herrschen. Nur mein eigenes Schnarchen, das ich glücklicherweise nicht hörte, würde den Raum fluten. Mit diesen Gedanken saß ich voll Vorfreude im Auto, während Daniel vom Krankenhausgelände fuhr.

„Ich muss noch kurz bei der Pension vorbei!", schrie Daniel nach hinten in den Bus und stoppte das Auto. Er schrie genau wie „Storcki" damals. Der Bus mit dem russischen Panzermotor war einfach nicht tot zu kriegen. Ich hatte ihn mir mal wieder ausgeliehen.

„Kein Problem! Mach aber bitte noch die Standheizung an", erwiderte ich.

Was für eine üble Kälte hier in Bayern doch war. „Kleinsibirien ist Mallorca dagegen", dachte ich und schüttelte wie wild den Kopf, um wenigstens ein bisschen Wärme in meine tiefgefrorenen Glieder zu bekommen. Mit einem leisen Schnurren startete der Ventilator. Brav begann er seine Arbeit und schon wenig später merkte ich die Wärme durch die Lüftungsschlitze aufsteigen. Herrlich! Sicherheitshalber hatte ich mir noch eine dicke Wintermütze aufsetzen lassen. Man konnte ja nie wissen. Um die Standheizung in Gang zu bekommen, musste der Motor laufen. Der Panzer war „on the road again". Hundert Dezibel russische Lebensfreude.

„Daniel. Dreh bitte das Radio lauter!", schrie ich.

„Was hast du gesagt?", schrie er zurück.

„Du sollst das Radio lauter drehen."

„Alles klar, Lars. Musst schreien. Der Motor is' verdammt laut", brüllte Daniel.

„Was du nicht sagst", murmelte ich kopfschüttelnd. Zu allem Überfluss spielte das Radio gerade: „Sie mag Musik, nur wenn sie laut ist" von Herbert Grönemeyer.

„Hauptsache warm!", dachte ich, und genoss dieses viel zu seltene Gefühl.

„Also bis gleich, Lars", brüllte Daniel.

Die Fahrertür krachte mit einem lauten „BÄÄÄM!" ins Schloss. Dann lief er die breite Straße entlang, hinab zur „Pension Alpenblick". Ein Name, den das kleine Hotel nicht verdiente. Das Haus stand mitten im Ortskern. Wenn man aus den Fenstern schaute, erblickte man entweder den Hinterhof oder die Straße. Der Name „Schick, aber ohne Alpenblick" wäre treffender gewesen.

Ich blickte auf. Die Straße war leer. Daniel war nicht mehr zu sehen. War er schon in die Pension gegangen? Manchmal hatte ich Gedankenaussetzer, die mich an mir zweifeln ließen.

Meine Aufmerksamkeit ließ zu wünschen übrig. Man konnte mein Hirn oft mit einer ausgequetschten Zitrone vergleichen. Ich legte meinen Kopf zurück an meine Nackenstütze und genoss das Gefühl, aufgewärmt zu werden. Herrlich, dachte ich. Der Motor dröhnte vor sich hin. Genau wie das Radio, das sich nicht entscheiden konnte, welche Frequenz es spielte. Es wechselte von Sender zu Sender, um zwischendurch einfach mal minutenlang nur zu rauschen. Abwechslungsreich ... und nervig.

Ich weiß nicht, wie lange ich so vor mich hinträumte. Doch irgendwann überlegte ich, wie lange es her gewesen war, seit Daniel die Pension betreten hatte. Langsam machte ich mir Sorgen. Was machte er so lange dort? Er wollte doch nur kurz seinen Koffer holen. In meinem Kopf begann es mal wieder zu rattern. Und „Rattern" bedeutete bei mir meistens das Produzieren negativer Gedanken. Was wäre, wenn Daniel eingeschlafen war? Was wäre, wenn er einen Herzinfarkt bekommen hatte und tot in seinem Zimmer lag? Die Pensionsbesitzerin kam immer nur morgens, um sauber zu machen. Mein toter Daniel würde in dieser Zeit „herzschlaglos" herumliegen und auf seine Entdeckung warten. Währenddessen würde ich im Auto sitzen und erfrieren, weil die alte Standheizung bis dahin ihren Geist aufgegeben hätte.

„Das ist nicht witzig", murmelte ich. Redete ich gerade wirklich mit mir? „Das ist doch mal wieder ein Bild fürs Poesiealbum", dachte ich. Ein alter Bus, in dem der Panzermotor dröhnt. Das Radio scheppert und drinnen sitzt ein Rollstuhlfahrer, der mit sich selbst spricht. So weit war es mit mir gekommen. Ich musste schmunzeln. Die Standheizung heizte mir inzwischen ordentlich ein. Ich hätte vielleicht doch nicht diese dicke, sibirische Wintermütze anziehen sollen. Sie war wattiert, thermobeschichtet und mit Schaffell ausgekleidet. Ich sah darin aus wie ein russischer Panzergrenadier. Ich passte also zum Fahrzeug. Während ich früher ein „Kaltduscher" war, kann es heute nicht warm genug für mich sein. Ich war unersättlich in Sachen „Wärme". Als Teenager konnte ich im tiefsten Winter mit T-Shirt und kurzer Hose eingeschneite Einfahrten freischippen. Danach musste ich erst mal das T-Shirt ausziehen, weil mir so warm war. Durch den Unfall hatte sich das schlagartig geändert.

„Ja, Lars, früher war alles anders", dachte ich. Zu meiner Panik, dass ich hier im Auto sterben würde, kam nun unnötigerweise auch noch die Melancholie hinzu. Früher hatte ich nicht so gefroren. Früher hatte ich nicht solche Schmerzen. Früher konnte ich alleine aufs Klo gehen. Früher konnte ich Sport treiben. Die Beine hochlegen. Mich kratzen, wenn es gejuckt hat. Und alleine genüsslich in eine randvolle Chipstüte greifen. Kleine Dinge, die so herrlich Spaß machten.

„Gut gemacht, Lars. Mach dich ruhig weiter fertig", sagte ich selbst zu mir. „Früher hast du auch nicht stundenlang bewegungslos in so einem komischen Rollstuhl gesessen. Und früher hättest du schon lange die beschissene Bustür aufgemacht und das nervige Radio aus der Verankerung gerissen."

Meine innere Stimme hatte Recht. Das hätte ich gemacht. Und das schon vor einer halben Stunde. Ich wusste nicht, ob ich lachen oder heulen sollte. Ich war überhitzt. Keine Frage. Und überhitzt war „übel hoch drei". Diese ekelhaften Schauer am ganzen Körper - ich hasste sie. Lieber fünf Stunden frieren wie ein Schlosshund als fünf Minuten Hitzewallungen.

„Gar nicht gut. Gar nicht gut", brummte ich. Verzweifelt versuchte ich, meinen Kopf an der Nackenstütze zu reiben, um wenigstens die Polarmütze von mir herunter zu bekommen. Zentimeter um Zentimeter glitt sie am Hinterkopf nach oben, um im selben Moment nach vorne zu rutschen und meine Augen zu bedecken. „So war das nicht gemeint", dachte ich entnervt.

Nach fünf Minuten wilder Kopfbewegungen rutschte die nun heiß geriebene Mütze über mein Gesicht und hinab über meinen Bauch, am Rollstuhl entlang, bis sie ihre kurze Reise auf dem schmutzigen Fahrzeugboden beendet hatte. Ich blinzelte. Meine Augen mussten sich erst mal wieder an die Helligkeit gewöhnen, die die Bibermütze mir in den letzten Minuten geraubt hatte.

„Was ein IQ von 250 für eine Wärme abstrahlen kann", sagte ich laut. Na ja, immerhin war mir der Humor nicht ganz abhandengekommen. Ich wunderte mich über meinen fröhlichen Gedanken. Immerhin war ich kurz vor dem Durchdrehen, weil Daniel immer noch nicht zu sehen war. Er war hundertprozentig eingeschlafen. Oder eben doch an einem Herzinfarkt gestorben. Ersteres wäre mir entscheidend lieber gewesen. Zwei Schweißperlen liefen mir über die Stirn. „Schweißperlen? Das gab es ja seit Jahren nicht", wunderte ich mich. Ich war den Tränen nahe.

„Panisch" war noch untertrieben für meinen jetzigen Gemütszustand. Es musste gut eine Stunde her gewesen sein, dass Daniel die Straße hinuntergegangen war. „Eins ist sicher: Wenn er nicht an einem Herzinfarkt gestorben ist, beiße ich ihn tot."

Ich war stinksauer. Und ich hatte Angst. Ich hatte Angst um mein klein bisschen Leben. Wollte ich mich nicht vor Jahren todesmutig in den Bodensee stürzen? Nein. Angst vor dem Tod hatte ich nicht. Ich war mir sicher, dass Gott dort oben auf mich wartete. Aber der Weg dahin, jämmerlich in einem alten Bus zu erfrieren, musste ja auch nicht sein. Die Standheizung surrte. Ich war erleichtert. Erfrieren würde ich wohl nicht. Wenigstens nicht im Moment.

Während ich so vor mich hin schwitzte, kam ein älterer Mann aus einem der Häuser heraus. Er hatte wahrscheinlich genauso die Schnauze voll wie ich von dieser scheppernden Musik, die mit Festivallautstärke aus dem veralteten Radio schallte. Mit skeptischem Blick musterte er den Bus. Dieser orgelte immer noch laut vor sich hin, um die jetzt viel zu heiße Standheizung in Betrieb zu halten. Der alte Mann lief um das Fahrzeug. Schaute nach links. Schaute nach rechts. Blickte die Straße hinunter, und schüttelte den Kopf. Es schien so, als ob er den Fahrer zu diesem komischen Gefährt suchte. Hätte er mich mal gefragt. Ich hätte es genauso wenig gewusst. Mich aber registrierte er nur kurz, um mich schon in der nächsten Sekunde wieder links liegen zu lassen.

„Türe aufmachen. Beschwere dich über den lauten Motor. Ich küsse dir die Füße dafür", schrie ich ihn förmlich in Gedanken an. Ein Königreich für frische Luft in dieser Sauna. Der Mann drehte sich um und lief zurück zum Haus.

„Ich könnte mich selbst erwürgen. Wenn ich es könnte. Warum hast du nicht geschrien? Du Depp!", beschimpfte ich mich selbst. Die letzte Chance zu überleben. Nicht tot zu sein wie Daniel, der mit Herzinfarkt in dieser komischen Pension „Schick, aber ohne Alpenblick" lag.

Just in diesem Moment kam mein Zivi aus der Pension heraus. Schlenderte pfeifend, als wäre nichts gewesen, langsam die Straße herauf.

„Er lebt! Er lebt!", dachte ich erleichtert, um gleichzeitig zu denken: „Nicht mehr lange, ich werde ihn totbeißen!"

Als er die Bustür öffnete, erwartete ihn eine Hitzewelle und mich eine wunderbar kühle Brise. Meine anschließende Standpauke übertönte den Panzermotor und das Radio bei Weitem. Daniel entschuldigte sich: „Ich musste meinen Koffer zusammenpacken. Danach bin ich unter die Dusche gesprungen. Ach ja! Mit der Vermieterin habe ich auch noch ein Schwätzchen gehalten."

„War wohl eher die Tochter der Vermieterin", unterbrach ich ihn.

„Woher weißt du das?", erwiderte Daniel und schloss mit den Worten: „Ganz schön warm hier. Bist du jetzt so rot wegen deiner Wut oder wegen der Hitze hier drin?"

Keine Ahnung, warum ich darauf nicht antwortete. Vielleicht stand mir der Mund offen. Vielleicht war es mir aber auch viel zu heiß dafür. Ich denke aber, ich war einfach nur froh, dass Daniel nicht an einem Herzinfarkt gestorben war.

Seit dieser Zeit veranlasse ich meine Fahrer, wenn ich alleine im Auto sitzen muss, eine Tür sperrangelweit aufzulassen. Ob die Jungs daran denken, ist eine andere Sache ...

Virtueller Tagebucheintrag: Notrufsirene im Auto installieren?!

23. Die Rülpsbiene

Es war Samstag. Mitten im Hochsommer. Mich zog es in die Stadt. Die Atmosphäre an einem Samstagvormittag in Überlingen hatte etwas ganz Spezielles. Die Marktleute bauten ihre Stände auf, Touristen und Einheimische schlenderten über die Promenade, saßen in den zahlreichen Restaurants und Cafés, von denen man direkt auf den Bodensee schauen konnte, und führten ihre neu gekauften Sommerkollektionen aus. Andere wiederum wuselten interessiert durch die vielen kleinen Geschäfte, machten ihre Wochenendeinkäufe oder bewunderten die historischen Gebäude, die die Stadt zu bieten hatte. So ausgestorben wie Überlingen im Winter war, so voller Leben war es, wenn der erste Sonnenstrahl hinter dem oft zähen Winternebel hervorblitzte. Die Menschen kamen von allen Seiten aus ihren Häusern, um sich vom Winterschlaf zu erholen und sich in der Frühlingssonne auftauen zu lassen.

Auch ich wollte das Flair der aufblühenden Stadt in mich aufsaugen. Manchmal fuhr mein Zivi mit mir im Auto direkt ins Zentrum, wo wir auf einem der wenigen Behindertenparkplätze parken konnten. Meistens aber ließ ich es mir nicht nehmen, selbst mit dem Rollstuhl nach unten zu fahren. Meine Wohnung war fünfzehn Geh- bzw. Rollminuten vom Bodensee entfernt. Eine ideale Strecke für einen morgendlichen Spaziergang. Der Weg in die Stadt war nicht anstrengend. Es ging bergab. Der Rückweg war eine Tortur für den, der die zwei Kilometer laufen musste. Hundert Prozent der Strecke gingen bergauf. Mich wunderte es immer wieder, welche Kraft ein Elektrorollstuhl auf die Reifen brachte. Mit fast gleichbleibender Geschwindigkeit bestieg mein Gefährt diese extremen Anstiege, während mein armer Pfleger sich nach einem Viertel der Strecke immer langsamer den Anstieg hochschleppte. Am Abend vor solchen langen Ausflügen fragte ich meine Jungs immer, ob genug Saft in den Rolli-Batterien sei. Wenn nicht, wurde mein fahrender Untersatz für zwölf Stunden an die Steckdose gehängt. Beim normalen „Cruisen" durch die Wohnung reichte eine Batterieladung locker für eine Woche. Bei größeren Exkursionen reichte der Strom oft nur bis zum Abend.

Aus diesem Grund fragte ich am Vortag des besagten Samstags auch meinen Zivi Robert, ob mein Untersatz noch genug Power hatte.

„Mach dir da mal keine Sorgen!", war die Antwort. „Das Ding ist noch ein Drittel voll."

„Ein Drittel? Das reicht doch hinten und vorne nicht", gab ich zu bedenken.

„Das reicht hundertprozentig. Da wette ich zehn Euro drauf. Und wenn ich unrecht habe, schiebe ich dich mitsamt dem schweren Bock wieder nach Hause."

„Ohne Jammern?", fragte ich Robert.

„Ohne Jammern!"

„Das ist ein Wort!", sagte ich, und gab mich mit seinem Versprechen zufrieden.

Am nächsten Tag machten wir uns bei angenehmen zwanzig Grad schon recht früh auf den Weg. Für den Nachmittag waren fünfunddreißig Grad vorhergesagt worden. Bis dahin wollte ich aber längst wieder zu Hause sein. In der Stadt wimmelte es nur so von Menschen. Wie Ameisen, die durch ihre gebauten Gänge wuselten. Und ich mittendrin. Die Ameise im Rollstuhl.

Wie jedes Mal, wenn ich samstags in die Stadt rollte, fuhr ich bei Robertos Gemüsestand vorbei. Seine Mama ließ es sich nie nehmen, mir mindestens eine Tüte frischer Pfirsiche, Kirschen oder Bananen mitzugeben. Meistens lagen noch ein Stück Parmesankäse und weitere Leckereien darauf, die sie mir mit mehreren italienischen Sätzen überreichte. Ich verstand zwar kein Wort, freute mich aber über ihr offenes italienisches Temperament. Vor Jahren hatte ich versucht, diese Sprache zu lernen und nach siebzehn Lektionen wieder aufgegeben. Zwei klägliche Sätze sind aus dieser Zeit geblieben:

La vita e difficile per tutti, ma che voi fare!
(Das Leben ist für alle hart, aber was will man machen!)

Le due amiche vanno poi insieme in città.
(Die zwei Freundinnen gehen zusammen in die Stadt.)

Damit kam ich wahrlich nicht weit. Das reichte auch nicht, um Frauen zu beeindrucken. Nachdem ich mehrmals die zwei Sätze wiederholt hatte, merkte auch die Letzte, dass ich temperamentloser Nordeuropäer war.

Mit Gemüse und Parmesankäse bepackt, steuerte mich meine Nase zielsicher zu der in der Nähe stehenden Currywurstbude. Ich war zwar zu dieser Zeit mal wieder Vegetarier, aber Wurstbuden hatten trotzdem noch die gleiche Anziehungskraft wie früher auf mich. Heute hatte ich aber Pech. Eine Reihe von fünfzig Hungrigen hatte sich vor der Bude gebildet. Wir beschlossen, an die Promenade zu gehen, zur Entschädigung ein Eis zu essen und gemütlich am Bodensee zu sitzen. Eine wahrlich grandiose Idee.

„Was für ein Wetter!", sagte ich zu Robert.

„Das kannst du wohl laut sagen. Schau dir die Mädchen an. Wie sie angezogen sind. Diese kurzen Röcke." Robert kam ins Schwärmen.

„Es wird Zeit, dass du wieder eine Freundin bekommst", sagte ich, und deutete mit dem Kopf auf ein hübsches Mädchen, das gerade an uns vorbei ging.

„Mann, bist du peinlich!", schimpfte Robert. „Schreib es doch gleich in die Zeitung, dass ich Single bin."

Das Mädchen, das unser Gespräch mitbekommen hatte, lächelte. „Leider vergeben. Vielleicht das nächste Mal", sagte sie und schlenderte weiter.

„Wann ist das nächste Mal?", rief Robert hoffnungsvoll hinterher.

„Im nächsten Leben!"

Ich musste lachen.

„Super!", rief Robert, „dann freue ich mich auf meine Wiedergeburt."

Ohne sich umzudrehen, winkte das Mädchen und verschwand im nahe gelegenen Stadtgarten.

Das Eis war gegessen und wir machten uns auf den Heimweg. Am Markt vorbei. Ein Gruß noch zu Roberto und seinen Lieben. Dann ab nach Hause.

„Currywurst oder Fisch?", fragte Robert.

„Mist", dachte ich. „Komme ich doch nicht drum rum." Meine so labile vegetarische Standfestigkeit war für heute umgehauen worden. „Currywurst!", antwortete ich mit schlechtem Gewissen.

Während Robert in der immer noch langen Warteschlange verkappter Vegetarier und Fleischliebhaber stand, hielt ich dagegen einen gehörigen Abstand zu der Bude. Die Heizplatten, auf denen die Würste brutzelten, strahlten eine Temperatur ab, die die extreme Sommerhitze, immerhin inzwischen 35 Grad, bei weitem übertraf. Mit Hingabe und Genuss verspeiste ich wenig später zwei Currywürste. Wenn schon, denn schon, dachte ich. Immerhin musste ich mit dem Rollstuhl nach Hause fahren. Da brauchte ich Energie, Kraft und Vitamine. Und das hatte eine Currywurst ja bestimmt alles in sich.

„So lecker wie die schmeckt, kann sie nur ungesund sein", sagte Robert und biss gierig in sein Bratwurstbrötchen.

Als wir satt waren, brachen wir auf. Durch die vielen Eindrücke in der Stadt hatte ich vollkommen vergessen, auf die Elektroskala meines Rollstuhls zu schauen. Wir waren gerade zwei Minuten unterwegs, als mein Rollstuhl plötzlich stehen blieb. Jetzt schaute ich auf die Skala. Es war zu spät. Der Balken, der die Elektrizitätsstärke anzeigte, stand auf Nullkommanull. Nicht viel, wenn man bedenkt, dass wir noch zwei Kilometer bergauf vor uns hatten.

„Robert?"

„Ja?"

„Wir sollten deine Aussage von gestern noch mal Revue passieren lassen."

„Wieso?"

„Weil ich befürchte, dass du die Zehn-Euro-Wette genau in diesem Augenblick verloren hast!", sagte ich und blickte auf die leere Elektroanzeige.

„Scheißdreck!", rief Robert und stellte meinen Rollstuhl auf die Schiebefunktion um.

„Robert?"

„Ja, was ist denn?", rief er sichtlich genervt.

Der Gedanke, mich mit dem schweren Rollstuhl zwei Kilometer bergauf schieben zu müssen, amüsierte ihn anscheinend weit weniger als mich.

„Zehn Euro plus zwei Euro", sagte ich schließlich.

„Wieso?"

„Wegen der Rülpsbiene!", half ich ihm auf die Sprünge.

„Scheiße. Die Rülpsbiene. Die hab' ich total vergessen", antwortete Robert und schlug sich mit der Handfläche auf die Stirn.

„Zehn Euro plus vier Euro! Das war das zweite Schimpfwort", lachte ich.

Robert verkniff sich ab diesem Zeitpunkt jeden weiteren Kommentar. Er drückte gegen meine Rückenlehne und begann mit sichtlicher Mühe meinen Rollstuhl in Bewegung zu setzen. Nur ab und zu hörte ich ihn leise murmeln: „Rülpsbiene. Rülpsbiene. So eine beknackte Idee."

Ich fand die Idee, eine Benimmkasse einzuführen, klasse. Vor Jahren hatte ich sie in die Tat umgesetzt. Wir waren zwar ein Männerhaushalt, doch der eine oder andere meiner Zivis nahm dies zum Anlass, seine gute Kinderstube völlig zuhause zu lassen. Für schlechtes Benehmen musste ab jetzt gezahlt werden.

Für Rülpsen, Fluchen, Kraftausdrücke, Witze über meine Haare (die immer weniger wurden), Witze über meinen Bauch (der immer größer wurde), waren ganze zwei Euro für die Benimmkasse fällig. Praktischerweise hatte ich damals schon eine unbenutzte Sparbüchse herumstehen. Durch ihre Form passte viel hinein. Und mit ihrer Bemalung, die einer Biene glich, sah sie auch noch lustig aus. Der Name war gleich gefunden: *Rülpsbiene*. Jeder neue Freiwillige und Angestellte wurde anfangs darauf hingewiesen.

„Toll. Dann kann ich gleich meinen ganzen Sold in die Biene schmeißen!"

„So kann man auch seine Zivis ausbeuten!"

Solche und andere Sätze musste ich mir oft anhören. Das war natürlich nicht der Fall. Ich spendete das Geld, wenn die Biene voll war, für einen sozialen Zweck.

Robert war in der Zwischenzeit mit mir und meinem Rollstuhl an der ersten Steigung angekommen. Hier trennte sich die Couch-Potato-Spreu vom sportlichen Weizen. Ich spürte die Hitze jetzt auch.

„Können wir nicht deinen Daddy anrufen? Der holt uns bestimmt mit dem Auto ab", bettelte mein schiebender Co-Pilot hinter mir. War er etwa schon jetzt erschöpft?

„Ohne Jammern, haben wir doch gestern gewettet, oder?"

„Ist ja gut", antwortete Robert, und schob die gut zweihundert Kilo schwere Fracht weiter keuchend den Berg hinauf. Zehn Minuten später waren wir auf dem ersten Bergplateau angekommen.

„Ich kann nicht mehr! Ich muss was trinken", keuchte Robert, schnappte sich seine Mineralwasserflasche aus dem Rucksack und hatte sie in einer halben Minute leer getrunken.

„Ich glaube, ich hab zu viel getrunken", sagte Robert. „Ich muss rülpsen."

Das Geräusch, das er dann von sich gab, übertönte einen Alphornbläser, vielleicht sogar einen Zwölfender beim Liebesspiel um Längen.

„BOAH, war der laut. Hast du den gehört, Lars?"

Man sollte es nicht für möglich halten. Er war sichtlich stolz auf sein schlechtes Benehmen. Musste ich ihn jetzt noch wie ein Baby für sein Bäuerchen loben?

„War nicht zu überhören", sagte ich, „übrigens schuldest du der Rülpsbiene jetzt sechs Euro."

„Ich zahle alles. Hauptsache ich komme lebend die nächsten zwei Steigungen hoch", japste Robert und schob mich weiter die Anhöhe hinauf.

Zwanzig Minuten später standen wir vor meiner Wohnung. Besser gesagt, ich saß und Robert kniete fix und fertig auf dem Boden. Ähnlich wie ein Hobbyjogger nach seinem ersten Marathonlauf.

„War doch gar nicht so schlimm, oder?", sagte ich und lehnte mich im Rollstuhl zurück.

„Lars!", keuchte Robert, „manchmal kannst du eine richtige Dumpfbacke sein."

„Ich weiß, Robert. Ist nur Spaß."

„Dito. Trotzdem werde ich nie mehr mit dir wetten", sagte er und schnappte erneut nach Luft.

„Schade. Hat gerade angefangen, Spaß zu machen", erwiderte ich. Ein Ehepaar ging an uns vorbei. Ich hatte das Gefühl, dass sie diesmal meinen Helfer mehr bemitleideten als mich.

Die Rülpsbiene füllte sich nach und nach durch das schlechte Benehmen meiner Helfer. Ganze siebenhundert Euro konnten wir dem Verein „Ärzte ohne Grenzen" überweisen. Lukas, ein weiterer Zivi, ließ sich sogar eine „Rülps-Flatrate" von seinen Eltern spendieren. Zwanzig Euro. So durfte er die letzten drei Tage seines Dienstes nach Herzenslust rülpsen. Die Büchse gibt es übrigens immer noch. Das Abkommen auch. Das Benehmen meiner Helfer und auch mein eigenes wurde erfreulicherweise von Jahr zu Jahr besser. Aus diesem Grund steht die kleine Biene heute recht ausgehungert auf meinem Schreibtisch.

Virtueller Tagebucheintrag: Gutes Benehmen wird manchmal doch belohnt!

24. Die Liebe kam zurück

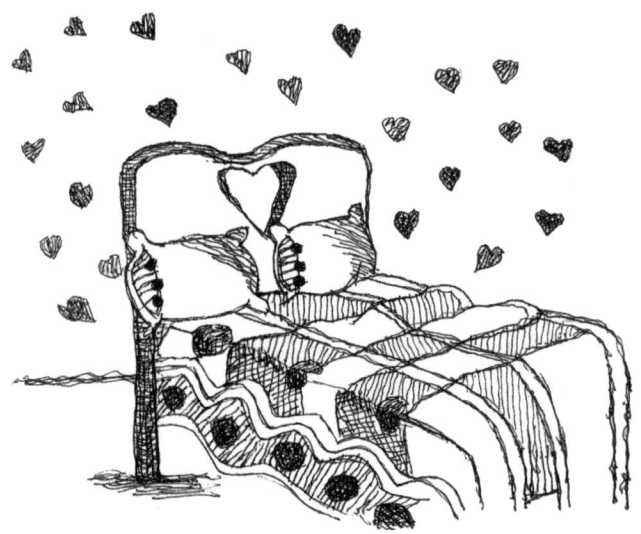

Wie es angefangen hatte? Wie heutzutage wohl millionenfach: Im Internet. Ich besuchte schon längere Zeit diese Seite. Es war weder eine Single- noch eine Datingseite. Ich war immer noch der Meinung: keine Hände, keine Kekse. Welches halbwegs normale Mädchen wollte schon einen Querschnittsgelähmten zum Freund haben? Nein, auf dieser Internetseite konnte man sich über allerlei Dinge rund um das Thema Querschnittslähmung informieren: Gesundheit, Schmerzen, Wohnen, Gesetze.

Man konnte aber auch über die neuesten Forschungen in Sachen „Wieder-laufen-können" lesen. Was es da nicht alles gab: arme kleine Mäuse mit implantierten Computerchips im Rücken, Nasennerven, die in die Wirbelsäule transplantiert wurden und Ritterrüstungen, die man mit Gedankenkraft steuern konnte. Allerdings musste man letztere vorher umständlich anziehen und programmieren. Das war alles nichts für mich. Am Anfang meiner „Querschnittskarriere" baute ich noch auf solche Forschungen. Ich war mir sicher, dass ich bald wieder laufen können würde.

Jetzt, Jahre später, fand ich es utopisch, daran zu glauben und zu hoffen. Ich beschäftigte mich lieber mit der Gegenwart. Ich war nicht Pessimist, sondern Realist. Die bekloppten Ritterrüstungen konnte man sicher in „Star Wars"-Filmen einsetzen, während sinnvolle Forschungsergebnisse wahrscheinlich noch Jahrzehnte auf sich warten lassen würden. Ich war weder ein Jedi-Ritter, noch würde ich hundert Jahre alt werden. Also brauchte ich mir darüber auch nicht den Kopf zu zerbrechen. Wenn es dann doch eines Tages hieße: „Querschnittsgelähmter vom OP-Tisch gehüpft!", würde ich mich langsam mit dem Thema beschäftigen.

Vielmehr informierte ich mich über Schmerzen, neue Gesetze und dies und das. Neben all diesen Dingen gab es Informationsabende mit spezialisierten Ärzten. Wie bei so vielen Internetseiten durfte der „Chat" auch hier nicht fehlen. In diesem Fall war er nicht gut besucht. Fünf bis zehn „Nicknames" verirrten sich darin. Ich besuchte ihn manchmal, ließ ihn laufen und wenn mich jemand anschrieb, schrieb ich zurück.

Eines Tages leuchtete mein Chatfenster auf und ein neuer Name leuchtete mir entgegen: K-A-A-M-O-S.

„Hallo! Ich heiße Vera!", schrieb sie.

„Hallo Vera. Ich heiße Lars!", antwortete ich.

„Ich bin auf dein Profil gegangen und …",

„… und habe dein tolles Foto gesehen. Bin Feuer und Flamme und musste dich unbedingt anschreiben", unterbrach ich sie.

„Davon träumst du wohl", sagte Vera und beendete ihren von mir unterbrochenen Satz: „… und habe dort deine Homepageadresse gesehen: *www.kunst-mit-dem-mund.de*. Ich habe Dir daraufhin einen ellenlangen Text in Dein Gästebuch geschrieben, weil ich Deine Kunst ganz nett fand. Und was passierte? Nichts! Hab den Text noch mal reingeschrieben. Wieder nichts. Der Grund, warum ich dich also angeschrieben habe, ist ... reparier mal dein doofes Gästebuch! Damit ich nicht die Einzige bleibe, die dort hineinschreibt. Also, ich muss los. Tschüss!"

„WOOOM!" Ich hörte förmlich das Chat-Fenster zuschlagen. Weg war sie. Wow! Das saß. Kein gelungener Einstieg, dachte ich und verließ den Chatraum. Als ich ihren Namen das nächste Mal im Chat aufleuchten sah, schrieb ich sie an:

„Na, wieder von der Palme runtergekommen?"

„Ich komme aus Tirol in Österreich. Da gibt es keine Palmen", antwortete sie und der Smiley hinter dem Satz zeigte mir, dass sie Humor hatte.

„Das ist ja ein Zufall", schrieb ich zurück, „meine erste Freundin kam auch aus Österreich. Wie praktisch, wenn meine nächste auch von dort käme."

„Viel Spaß beim Suchen", erwiderte Vera und schrieb weiter: „Davor musst du aber erst dein doofes Gästebuch reparieren."

„Mache ich doch glatt für dich. Flieg bis dahin aber nicht von der Palme."

„Lars, seit wir uns schreiben, überlege ich mir, ob ich in Tirol die ersten davon pflanzen soll. Wäre ein toller Geschäftsplan. Ich mache eine Palmenplantage auf und vermiete die Bäumchen an Frauen, die sich über Männer und deren Gästebücher aufregen."

„Und die Kosten dafür werden wahrscheinlich vom Konto des Mannes abgebucht?", fragte ich beiläufig.

„Was für eine Frage. Wer sollte sie sonst zahlen?", bekam ich zur Antwort.

So begannen unsere ersten Gespräche. Zahlreiche weitere Chats folgten. Aus „Palmen pflanzen" wurde recht schnell eine erträumte Südseereise für uns zwei. Bis schließlich die erdachten Kinder dort unter Palmen in selbst gebastelten Bambusröckchen spielten. Natürlich erfuhr ich auch einiges über sie. Vera informierte sich auf dieser Seite über Neuigkeiten in Sachen Rollstuhl, Schmerzen und Wohnen mit Behinderung. Wie ich erfuhr, studierte sie in Innsbruck Wirtschaftswissenschaften. Wäre dies nicht genug gewesen, absolvierte sie nebenher noch eine Lehre als Behindertenassistentin. Sie hatte Power für zwei im Popo, war lustig und schlagfertig. Das gefiel mir.

Wir redeten stundenlang. Nach und nach kam in mir ein Gefühl auf, das ich schon lange nicht mehr spüren durfte. Ein wunderbares Gefühl, das ich aber gleich wieder zu verdrängen versuchte. Das Gefühl und meine Situation passten nicht zusammen. Wenigstens nicht, wenn ich meinen Kopf fragte. Meinem Gemütszustand dagegen war das egal. Gefühle waren eben kein Kleidungsstück, das sich einfach abstreifen ließ. Stattdessen zog ich einen Mantel nach dem anderen an. Gefühlsmäßig, versteht sich. Mir wurde warm und wärmer. Ich konnte in meinen Gedanken noch so laut protestieren, wenn ich an Vera dachte, kam immer statt einer kalten Dusche ein neues maßgeschneidertes Mäntelchen aus Polarschafwolle angeflogen. Das brachte mich vollends um den Verstand. Jedes Mal, wenn ich Veras Chatfenster sah und der Name „Kamoos" aufleuchtete, war es um mich geschehen. War ich bekloppt oder was war mit mir los?

„Hallo Lars!"

Mein Herz pochte.

„Alles klar bei dir?"

Mein Herz pochte.

„Liebe Grüße von Vera."

Mein Herz pochte.

In meinem Bauch gingen seltsame Dinge vor sich. Da waren Sachen drin, die dort nicht sein sollten. Schmetterlinge!

Hatte ich Ihnen nicht gesagt, sie sollten nie mehr bei mir vorbei flattern? Ja, das hatte ich! Aber so wie ich mich fühlte, scherten sie sich nicht darum. Es war zu spät. Der Schmetterlingsschwarm „überflatterte" mein kleines Herz, als wäre es eine winzige Ameise im brausenden Tornadosturm. Tausende von bunten Fliegern hoben mich nach oben, wirbelten mich herum, und stellten mich kopfüber wieder auf den Boden. Ich schoss gen Himmel, wurde getragen von Trilliarden von hell schimmernden Farben. Worte flogen. Gedanken flogen. Komplimente flogen hin und her, und nach jedem Chat wurde ich sanft abgesetzt und fühlte mich wie ein Teenager, der seinen ersten Kuss bekommen hatte. Unmöglich in diesem Zustand Herr seiner selbst zu bleiben. Es war verrückt. Ich kannte noch nicht mal ihr Gesicht. Hatte kein Foto von ihr. Und trotzdem diese Gefühle.

Als sie mir ein Bild von sich schickte, machte das die Sache nicht besser. Ganz im Gegenteil. Wie hübsch sie war! Ein bezauberndes, freches Lächeln. Schöne Augen und braune lockige Haare. Wie konnte man so viele Locken haben? Sie reichten ihr bis zur Mitte des Rückens. Wenn man sie glatt gestrichen hätte, wären sie bestimmt bis zu ihrem Popo gegangen. „Locke müsste man sein", dachte ich.

„Ich besuche eine Freundin im Schwarzwald. Da komme ich am Bodensee vorbei. Hast du Lust auf ein Treffen?", fragte Vera eines Tages. Was für eine Frage! Natürlich hatte ich Lust, sie zu sehen. Nicht nur ein Foto. Nicht nur schwarze Buchstaben auf einem Computerbildschirm. Ein wirklicher Mensch. Eine wirkliche Frau. Ein wirkliches Wesen, das verantwortlich war für meinen doch sehr bedenklichen Zustand.

Dann war sie da. Sie kam die Treppe herunter, und es wäre um mich geschehen gewesen, wenn es nicht schon längst um mich geschehen gewesen war. Sie war noch süßer als auf dem Foto.

„Hallo Lars. Da bin ich", sagte sie mit einem unverwechselbaren österreichischen Dialekt. Der Kaffee stand auf dem Tisch. Wir redeten. Lachten. Und verstanden uns, als würden wir uns schon ewig kennen.

„Komm, ich zeig dir meinen Lieblingsplatz!", sagte ich zu ihr und wenig später waren wir da: Der Blick über den Bodensee war fantastisch. Ein Ort für Verliebte. Ein Ort, um in den Sternenhimmel zu schauen und dabei die Welt zu vergessen. Nur sie nicht. Sie wollte ich nicht vergessen. Ihr Lachen war einmalig. Das Lachen, laut, fröhlich und energiegeladen. Die hatte sie. Energie für zwei. Ich war in diesen Tagen aufgeregt wie ein Jugendlicher vor seiner Fahrschulprüfung.

„Nur nicht durchfallen. Nur nicht durchfallen", dachte ich und stellte mir jede noch so bescheuerte Situation vor, die passieren könnte. Das letzte Mal als dieses „Schmetterlingskommando" Besitz von mir ergriffen hatte, war immerhin schon Jahre her. Und das war vor meinem Unfall.

Trotz meiner Sorgen und Bedenken musste ich mich wohl gar nicht so dumm angestellt haben, denn wir verabredeten uns gleich für das nächste Wochenende. Sie würde zwei lange Tage bleiben. Zwei ganze Tage eine Frau um mich herum. Konnte das gut gehen? Ich, der sehr häuslich war. Eine wahrlich nicht gerade aktive „Couch-Potato" traf auf ein Mädchen, das das absolute Gegenteil verkörperte. Sie sprühte vor Lebensenergie, war spontan und extrem unternehmungslustig. Im Gegensatz zu mir. Ich brauchte oft Tage, um eine Entscheidung zu treffen. Das änderte sich mit Vera schlagartig. Es war schwer, mit ihrem Tempo mitzuhalten, doch ihre Lebensenergie steckte mich an. So verließ ich das Haus in einer Woche öfter als sonst im ganzen Monat. Schließlich wurden wir ein Paar.

Eines Abends, Vera und ich waren seit zwei Wochen zusammen, schauten wir einen Film. Einen Liebesfilm. Als der Abspann lief, war Vera eingeschlafen.

Der Film war doch der „Hammer" gewesen, wie konnte man dabei einschlafen? „Ghost - Nachricht von Sam" war einer meiner Lieblingsfilme. Ich musste regelmäßig heulen, wenn der Protagonist Sam sich von seiner großen Liebe und dem Leben verabschiedete. Wenn er sagte: „Es ist unbeschreiblich. Die Liebe. Die Liebe nimmt man mit." Dann lief er ins Licht und erhob sich gen Himmel.

Das war irre kitschig und doch „Hollywood vom Feinsten". Eigentlich wäre mir jetzt nach Kuscheln gewesen, doch ich wollte Vera nicht wecken. So machte ich leise den Fernseher mit meiner Sprachsteuerung aus. Keine zwei Minuten danach schlief auch ich.

In der Nacht, es musste so gegen 3:00 Uhr gewesen sein, wachte ich schweißgebadet auf. Die zweite Bettdecke, die ich mir wegen der inneren Kälte über den Körper legen lassen hatte, entfaltete ihre ganze Wirkung. Ich fühlte mich wie ein kleiner Backofen, der leider nicht auf der richtigen Temperatur ausgeschaltet wurde. Es war Sommer. Nicht gerade förderlich, um abzukühlen. Schon seit zwei Wochen sanken die nächtlichen Temperaturen nicht unter die zwanzig Grad. Ich versuchte, wieder einzuschlafen. Vergeblich.

Gerade als ich die Grenze zum Traumland erreicht hatte, hörte ich das Geräusch, das den kleinen Feind ankündigte. Seit meinem Unfall war ich ihnen schutzlos ausgeliefert. Sie kamen in der Nacht. Bei Dunkelheit und hundertprozentig dann, wenn ich alleine war. Die fiesen Stechmücken! Heute waren sie zu zweit. Ihrem Anfluggeräusch nach zu urteilen, musste es sich um ordentliche Brummer handeln. Eine von ihnen landete in aller Seelenruhe auf meiner Stirn, die andere auf meinem Ohr. Sie bohrten nach Blut. Ich wartete, bis sie dem Rausch meines roten Cocktails verfallen waren. Mit einer abrupten Kopfbewegung nach rechts erschlug ich Mücke Nr. 1. Tod durch Unachtsamkeit beim Saufen. Respekt Lars! Gleich beim ersten Mal ein Volltreffer. Das klappte nicht immer so gut. Eigentlich fast nie. Nun aber lag sie da. Zerquetscht, zwischen meinem Ohr und dem Kopfkissen. Ein Abdruck des Todes blieb auf meiner Unterlage zurück.

Stechmücke Nr. 2 interessierte dies reichlich wenig und sie schlürfte genüsslich weiter mein Blut. Egal, welche Grimasse ich auch machte, sie ließ sich nicht von ihrem „Abendbrot", meiner Stirn, vertreiben. Ich spürte abwärts der Schultern absolut nichts. Aber nein, diese blöden Viecher setzten ihre Bohraktionen zielsicher dort, wo mein Gespür noch wunderbar funktionierte. Meine kleinen Feinde waren also nicht nur hungrig, sondern auch zu alledem sadistisch veranlagt. Als Stechmücke Nr. 2 sich genug an mir betrunken hatte, setzte sie zum Flug an und verschwand in der Dunkelheit. Meine Stirn juckte furchtbar!

„Konzentrier dich nicht darauf", dachte ich, „es geht vorbei ..." Ich hatte ja bis dato Dutzende von diesen Angriffen überlebt. Und heute hatte ich immerhin fünfzig Prozent der Angreifer ins Mückenparadies geschickt. Erst jetzt bemerkte ich, dass mir durch die Aktion noch viel heißer geworden war. Es half nichts. Ich musste Vera wecken, um nicht vollends als hart gekochtes Ei zu enden.

„Schatz, kannst du mir bitte mal die Decke runterziehen?", flüsterte ich. Ich wollte sie nicht schlagartig aus ihren Träumen rausreißen. Nichts passierte.

„Vera? Kannst du mal bitte die Decke runterziehen?", fragte ich ein zweites Mal. Diesmal etwas lauter. Wieder keine Reaktion. Ich drehte meinen Kopf weiter zu ihr hinüber. „Vera? V-e-r-a?"

Doch kein Pieps war zu hören. Absolut nichts! Sie lag doch direkt neben mir. Ich konzentrierte mich und versuchte in der Stille ein Geräusch zu vernehmen. Ein Atmen, ein Schnarchen. Bei mir hätte man das sofort gehört. Selbst ohne Konzentration. Doch jetzt. Stille! Außer dem Geräusch des Aggregats meiner Antidekubitusmatratze hörte ich nichts. Ich versuchte, mit meinen Schulterblättern ein paar Zentimeter in Richtung meiner Traumfrau zu rutschen. Nur ein bisschen näher an ihr Ohr. Meinem Empfinden nach schaffte ich es. Fünf Zentimeter waren es bestimmt. Doch auch dieser Versuch, Vera mit meinem Ruf zu erreichen, scheiterte kläglich. Ich verfiel in Panik.

„Vera! Vera! Vera!" Ich brüllte wie ein Löwe. Es konnte doch nicht sein, dass ich meine Traumfrau getroffen hatte und nun wurde sie mir wieder genommen. Sie lag zwanzig Zentimeter neben mir und ich konnte sie nicht berühren. Konnte nicht schauen, wie es ihr ging. Ob sie lebte. Ob sie Hilfe brauchte. Dass sie noch am Leben war, hatte ich schon ausgeschlossen. Ein Tauber hätte meine minutenlangen, verzweifelten Schreie gehört. Ich verfluchte einmal mehr meine Bewegungslosigkeit. Meine scheiß Hilflosigkeit. Doch es stand in fetten Lettern geschrieben: „Das bist du!" Wie grausam konnte das Schicksal sein? Was denn noch alles? „Lieber Gott! Bitte nicht das!"

Weitere Minuten vergingen, in denen ich nicht wusste, ob die Welt sich drehte oder nicht. Ich erinnerte mich an die vielen Situationen in meinem Leben, in denen ich nach Menschen gerufen hatte. Voll Verzweiflung, Hilflosigkeit und Angst. Bittere Tränen waren das Resultat. „Vera! Vera!", wisperte ich.

„Lars? Was ist denn, Lars?" Verschlafen drehte sich Vera zu mir. „Du weinst ja! Was ist mein Hase?"

Jetzt brachen alle Dämme. Mein Körper schüttelte sich, so wie er sich die letzten Jahre nicht bewegt hatte. Ich weinte, weinte und weinte. Einerseits aus Wut und Trauer über meine hilflose Situation. Andererseits aus purer Freude, dass meine Traumfrau am Leben war.

„Du lebst. Du lebst."

„Das will ich wohl hoffen", sagte Vera. Sie legte ihren Arm um mich, verbarg ihren Kopf neben meinem. Ihr Dasein und ihre Hand, die mich streichelte, halfen mir das Tal der Tränen zu durchwandern. Ich hatte an diesem Abend gelernt, wie man sich fühlt, wenn man einen lieben Menschen verliert. Und was es mit einem macht, wenn die Liebe plötzlich wieder ins Leben tritt. Solche Gefühlswallungen in so kurzer Zeit hatte ich nur noch beim Tod meiner Mama erleben müssen.

Vera und ich waren drei Jahre zusammen. Es war zum Großteil eine klasse Zeit. Sporadisch habe ich noch heute mit ihr Kontakt. Während unserer Beziehung arbeitete sie in einem Altenheim in der Öffentlichkeitsarbeit. Am Ende unserer Beziehung hätte sie die Möglichkeit gehabt, dort die Heimleitung zu übernehmen. Sie lehnte ab.

In der Zeit, in der wir zusammen waren, sind wir öfters in meine Kirchengemeinde gegangen. Am Anfang war es ein Kulturschock für sie. Eine evangelische Freikirche war für sie, die aus dem erzkatholischen Tirol kam, schon etwas ganz Neues. Sie entschied sich schließlich, aus der katholischen Kirche auszutreten und sich stattdessen in meiner Gemeinde am Bodensee noch einmal taufen zu lassen.

Nach dem Ende unserer Beziehung zog sie in die Nähe von Basel in der Schweiz, studierte dort Theologie und wurde Pastorin in einer großen Gemeinde. Heute lebt sie immer noch in Basel und arbeitet zusätzlich in Townships in Südafrika als Streetworkerin. Sie hilft Drogenabhängigen in ein neues Leben zu starten.

Virtueller Tagebucheintrag:
Zu meinem Liebesleben ist Folgendes zu sagen: Ohne Hände keine Kekse. Aber wer weiß, was das Leben noch für Überraschungen bereithält.

25. Wollschal und Bikini

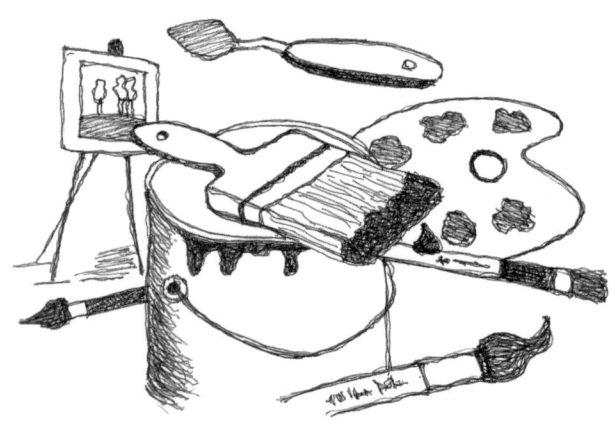

Wie schnell doch zehn Jahre vorbeigehen, dachte ich, als ich mit Sebastian und Jamol in Zürich auf dem Flughafengelände stand. War es wirklich schon so lange her, als ich in Wien auf der Feier zum 50-jährigen Bestehen der Mund- und Fußmalenden Künstler gewesen war?

Es musste wohl so sein. Das 60-jährige Jubiläum stand an.

Mein letzter Flug lag also wirklich schon zehn Jahre zurück. Der Gedanke, wie schnell die Zeit im Leben vergeht, machte mich melancholisch.

„Du machst ja ein Gesicht wie drei Tage Regenwetter", sagte Jamol, mein Helfer aus Tadschikistan. 6292 km in Richtung Osten war seine Heimat entfernt. Er hatte sich über das Internet bei mir beworben. Zunächst war ich skeptisch, einen freiwilligen Helfer aus so einem weit entfernten Land bei mir einzustellen. Nicht weil er Ausländer war. Nicht weil er einen ganz anderen kulturellen „Background" hatte. Nein, das fand ich eher interessant. Ich fürchtete, dass ich mich nicht gut genug mit ihm verständigen könnte.

Doch meine Bedenken waren unbegründet. Ich hatte mal wieder den Jackpot gezogen. Jamol war engagiert, herzlich, sozial und lernfähig. Wenn der deutsche Wortschatz nicht mehr ausreichte, stotterte ich mich mit meinen wenigen englischen Wortkrümeln durch den Tag.

Sebastian, meine zweite Begleitperson, kam aus Polen und war schon im fünften Jahr mein treuer und guter Helfer. Ein Mann der Rekorde. Sei es im Maultaschenwettessen (immerhin stolze 16 Stück in atemberaubenden 27 Minuten und 19 Sekunden) oder durch anstrengende siebenundvierzig Arbeitstage ohne Unterbrechung, weil einer seiner Kollegen krank wurde. Ich war also behütet wie in Abrahams Schoß. Barcelona konnte kommen.

Ich bemerkte schon bald, dass sich im Flugbetrieb in den letzten Jahren einiges verändert hatte. Die Flugtickets hießen heute E-Tickets und den schlecht gelaunten Schalterbeamten gab es nicht mehr; entweder war er schon in Rente oder in eine Abteilung versetzt, in der er hoffentlich keinem Fluggast mehr das Leben schwer machen konnte. Das Beste aber war, dass man heute direkt mit dem Elektrorollstuhl an die Gangway fahren konnte. Um die langen engen Flugzeugreihen zu durchqueren, blieb mir aber trotzdem nichts anderes übrig, als mich in den immer noch hochgradig unbequemen „Zwergenrollstuhl" umsetzen zu lassen.

Trotzdem klappte alles wunderbar und wenig später saß ich im Flugzeugsitz: breitbeinig, halb liegend und nicht gerade „ladylike". Doch als echter Flugprofi, der alle zehn Jahre mal ins Flugzeug stieg, hatte ich dieses Mal vorgesorgt. Als Handgepäck nahm ich vier noch frisch verpackte Puzzle-Kartons mit, die Sebastian mir unter die Füße beziehungsweise zwischen meine Knie und den Vordersitz presste, um mich einigermaßen zu stabilisieren. Die Verwunderung der um mich herumsitzenden Fluggäste war zwar groß, aber nachdem ich mich nach fünfundsiebzig Minuten Flugzeit immer noch nicht bewegt hatte, war auch dem Letzten klar, dass dies eine gute Idee gewesen sein musste.

Nach der Landung in Barcelona wartete am Flugzeug schon mein Rollstuhl. Um nicht noch einmal einen Schrotthaufen vom Flughafenpersonal zurückzubekommen, hatte Sebastian die Kopfstütze samt kompletter Elektronik vom Rollstuhl abgebaut und meinen kleinen Ferrari dann mit meterlanger Luftpolsterfolie umwickelt, sodass er auch als extravagantes Kunstwerk von Christo durchgegangen wäre.

Der Rückumbau dauerte ewig. Am Gepäckband fuhren derweil sechs vereinsamte Koffer ihre Schleifen. Nur komisch, dass wir mit sieben Gepäckstücken eingecheckt hatten ...

Der Duschstuhl war nicht auffindbar. Zwei herbeigerufene Flughafenmitarbeiter suchten verzweifelt nach dem kleinen Ausreißer. Aber ich war guten Mutes – war doch der Stuhl ähnlich auffällig verpackt wie sein rollender elektrischer Bruder. Und außerdem: Wer klaute schon einen Duschstuhl? Nach gefühlten zwanzig Kilometern Fahrt durch das gesamte Flughafenareal und fünfhundert geöffneten Türen konnte ich Fundstück Nummer 362 wieder in Empfang nehmen.

Am Flughafenausgang sahen wir einen Mann, der wild winkend ein Täfelchen mit der Aufschrift „VDMFK-Jubiläum" nach oben reckte. Unser Fahrdienst. Sechs Tage Barcelona lagen vor uns. Zwei Konferenzen, eine große internationale Ausstellung und ein tolles Sightseeing-Programm. Die meisten meiner Künstlerkollegen waren schon da, als wir am Hotel ankamen. Viele von ihnen kannte ich schon von meinen Besuchen in Budapest und Wien. Mein Englisch war über die Jahre „a little bit better" geworden, sodass ich mich wenigstens über das gute Wetter unterhalten konnte. Auch fünf deutsche Künstler sollten anreisen. Über die Jahre sind sie Freunde geworden. Leider mussten zwei von ihnen kurzfristig aus gesundheitlichen Gründen absagen.

Antje, die Fußmalerin aus Frankfurt, war schon da. Es faszinierte mich immer wieder aufs Neue, wie selbstverständlich sie am Essenstisch ihre zwischen die Zehen geklemmte Gabel oder den Löffel zum Munde führte. Auch Günther, genannt Günti, der immer fröhliche Bayer, war schon da und sonnte sich vor dem Hotel. Er war von Geburt an spastisch gelähmt, schon weit über siebzig und wie immer mit seiner älteren Schwester auf Reisen. Die beiden waren ein tolles Team! Wo aber war Markus aus Regensburg? Ich erfuhr, dass seine Fähre in Genua defekt gewesen war und er deshalb weitere fünfzehn Stunden im Auto nach Barcelona hatte fahren müssen. Jetzt lag er, völlig schachmatt, mit Infusion und Kreislaufproblemen in seinem Hotelzimmer.

Doch nicht nur er hatte Pech. Ein Künstler aus Japan suchte in Barcelona immer noch nach seinem Gepäck. Er hatte nicht so viel Glück wie ich. Nach vergeblicher Suche erklärte ein peinlich berührter Flughafenbediensteter, dass man seinen elektrischen Rollstuhl aus Versehen im Frachtraum des Flugzeugs vergessen hatte, das jetzt gerade auf dem Weg nach Brasilien war. So musste der Künstler die ersten drei Tage in einem Schieberollstuhl verbringen, bis schließlich sein „Weltenbummlergefährt" aus dem fernen Land zurückgeflogen kam.

In unserem Zimmer angekommen, bewunderten meine beiden Helfer fasziniert den Blick auf den Strand. Ich dagegen saß im Badezimmer und war hin und weg von der geräumigen, befahrbaren Dusche.

Noch am selben Abend gab es ein Willkommenstreffen für alle Künstler. Jeder von uns hatte ein kleines Schild an der Brust, auf dem der Name und das Land standen, aus dem er kam. Das erinnerte mich an meine Kindergartenbesuche, bei denen ich sofort wusste, wer „klein Leo" und „klein Peter" war. Praktisch war das, und ich lernte so viele ausländische Künstler kennen. Künstler aus Süd und Nordamerika, Asien,

Neuseeland, Australien und Europa. Der Großteil von ihnen war mit dem Flugzeug angereist, viele davon mit Flugzeiten von bis zu 24 Stunden. Es war einfach unvorstellbar für mich, wie man so etwas als schwer querschnittsgelähmter Mensch überleben konnte. Ich war mir sicher, dass folgende Berechnung realistisch war: „Ein Flug Shanghai – Barcelona + Lars = mausetot." Ich jammerte ja schon im Flugzeugsessel von Zürich nach Barcelona über eine Stunde und zwanzig Minuten.

So unterschiedlich unsere Empfindungen, Schmerzen oder Belastbarkeiten im Flugverkehr waren, so verbindend war unsere Liebe und Leidenschaft zur Malerei. Oft hatten wir sie erst durch unsere körperlichen Einschränkungen entdeckt. Hätte ich als gesunder Mensch jemals so zur Malerei gefunden? Wohl nicht! Wer kann schon behaupten, dass die Arbeit, mit der er seinen Lebensunterhalt bestreitet, Hobby und Leidenschaft zugleich ist? Ich habe dieses Glück. Wenn ich morgens an der Staffelei sitze, mein Helfer mir die Farben auf die Palette drückt und ich schließlich den bunten Pinsel über die weiße Leinwand streifen lasse, bin ich mit positiver Spannung und Vorfreude geladen. Der Tag kann beginnen.

Die ersten Jahre nach dem Unfall malte ich Bilder naturgetreu nach. Je mehr ich jedoch über Farben, Komposition und Tonwerte lernte, desto mehr übernahm die Fantasie in meinem Kopf die Führung. Egal, ob mit Vorlage oder frei aus dem Kopf: Ich konnte und kann mich in eine andere Welt versetzen. Mein Tag ist klar durchstrukturiert: Pflege, Arbeitsabläufe und die Zeiten meiner Pfleger lassen nur wenig Raum für Spontanität. Mein Körper und meine Bereitschaft, etwas zu unternehmen, sind davon abhängig, wie es mir gerade geht. Ich male nicht täglich, aber ich male, wann immer es mir gut genug dafür geht. Dabei kann ich Lebenslust, Beweglichkeit und Spontaneität erleben.

In der Malerei gibt es keine Barrieren, keine Hindernisse. Einzig das Ende der Leinwand und die Reichweite des Pinsels zeigen einem die Grenzen auf. Dieses Schaffen ist bereichernd und facettenreich für mich. Ein Ausgleich zu meinem „I'm-living-in-a-box-Leben" und eine Heilquelle für meine Ängste und inneren Unruhen.

Ich tauche den Pinsel in die Farbe, setze den Strich – und bin je nach Motiv im Tessin, in der Provence auf einem Lavendelfeld, im Sturmgewitter an der Ostsee oder auf einem belebten Marktplatz in Bayern. Die Zeit verfliegt. Kein Gedanke, keine Furcht, nur das Jetzt, der Moment des Tuns. Nicht darüber nachdenken, was war, nicht, was kommen wird. Nur den Augenblick genießen. Im Hier und Jetzt.

Ich versuche schon länger, Achtsamkeit zu leben. Aber mit Meditations- und Atemübungen funktioniert es nicht immer. In der Malerei hingegen ist es eine Selbstverständlichkeit. Das Rattern der Gedanken verstummt in dem Moment, in dem mein Mund, der Pinsel und die Leinwand eins werden. Stunden später erwache ich aus diesem bunten Traum, fahre von der Staffelei zurück und bin manchmal begeistert und manchmal enttäuscht von meinem Tun. Doch was wirklich zählt, ist die gelebte, produktive und bereichernde Zeit, die ich mir selbst geschenkt habe.

Ich wurde aus meinen Gedanken gerissen, als Jamol, mein Helfer, mir ein Glas Limonade an die Lippen führte. Ich war wieder im Hier und Jetzt. Auf dem Willkommensempfang der Mund- und fußmalenden Künstler. Ich schaute in die Runde. Um mich herum waren körperlich eingeschränkte Menschen mit ihren Helfern aus aller Herren Länder. Was mussten viele von ihnen in ihrem Leben schon ertragen haben?

Ich kam aus Deutschland. Einem Land, in dem man doch recht gut sozial abgesichert ist – sei es mit Unterkunft oder medizinischer Versorgung. Doch wie war es mit all den Anderen, die nicht so viel Glück hatten? Ohne Rollstuhl, ohne Medikamente, ohne Hilfe? Erst in der Woche vor der Barcelona-Reise hatte ich eine E-Mail bekommen, die von einem afrikanischen Jungen berichtete. Der Absender, Max Peters, wollte wissen, wie ich mit dem Mund male. Was für Hilfsmittel und welche Farben ich benutze. Er würde diese Informationen an sein 14-jähriges „Patenkind" Darisi in Ruanda weiterleiten. Darisi war genau wie ich vom Hals abwärts gelähmt. Aber er hatte jahrelang keinen Rollstuhl besessen und den ganzen Tag alleine in einer Hütte verbracht. Seine Eltern waren tot, seine Tante musste arbeiten. Eine christliche Einrichtung hatte ihn jetzt in ein Projekt eingegliedert. Nun hatte er einen Rollstuhl, und seine Tante konnte zu Hause bleiben und ihn pflegen. Seine Leidenschaft sei die Malerei.

Ich berichtete Max Peters von unserer Vereinigung. Wenn der kleine Darisi seine Bilder an die Mund- und fußmalenden Künstler schicken würde, könne es gut sein, dass er schon bald ein Stipendium von dort erhalten würde. Es sind diese Möglichkeiten, die diese Vereinigung so wertvoll machen und ich bin von Herzen froh, ein Teil davon zu sein. Froh waren auch die, die hier um mich herumstanden, -saßen und -rollten. Meine Künstlerkollegen. Abschalten und genießen war angesagt. Diese Vereinigung ist ein Geschenk in unserem Leben und gibt uns Sicherheit.

Als ich spät abends von Sebastian ins Bett gebracht wurde, verstärkten sich meine Schmerzen wieder. Trotz allem schlief ich mit einem zufriedenen Lächeln ein.

Am folgenden Vormittag war der Kongress zu absolvieren – bis uns die Mittagessenszeit erlöste. Ich versuchte meine Schmerzen mit dem wunderbaren Essen zu besänftigen. Der Rest des Tages war schließlich zur freien Verfügung. Doch statt danach zum Strand zu rollen, ließ ich mich ins Bett legen. Meine Kälte-Missempfindungen waren unerträglich. Es war schon ein bisschen skurril: Ich schaute frierend, die Bettdecke bis über die Nasenspitze, auf den Strand, an dem die Menschen in Badehose und Bikini die Sonne genossen. Erst nach zwei Tagen regenerierte sich mein Körper. Ich bemerkte, dass das „Frieren" von einer Überhitzung verursacht worden war. Am nächsten Morgen duschte ich deshalb etwas kühler. Stunden später musste ich erneut das Bett hüten – diesmal war ich tatsächlich ausgekühlt. Das tolle Spiel „Ich renne der richtigen Temperatur hinterher" war mal wieder in vollem Gange. Und das in einer Stadt wie Barcelona, die ich so gerne gesehen hätte.

Der Schlaf war tief, und am nächsten Morgen wurde ich von der schon wunderbar warmen Sonne geweckt. Das wird ein guter Tag, dachte ich. Die Schmerzen waren erträglich und so entschied ich mich, das touristische Programm mitzumachen, das die Vereinigung für uns organisiert hatte. Mit einem Reisebus durch Barcelona, mit Besuch in der weltberühmten „Sagrada Familia". Der Kirche, an der schon an die hundert Jahre herumgewerkelt wird. Was für ein Bauwerk! Was für Farben und Lichter! Glücklicherweise hatten wir vorbestellt. So mussten wir am Eingang nicht lange warten und standen schon wenig später inmitten dieses überdimensionalen, sonnendurchfluteten Raums. Ich konnte mich gar nicht sattsehen an den riesigen glitzernden Kirchenfenstern, die ihre in allen Farben leuchtenden Lichter auf uns fallen ließen. Monumentale Säulen, die sich in schwindelerregender Höhe mit dem riesigen Kirchengewölbe verbanden oder Statuen und Bildhauereien, an denen wahrscheinlich Jahre gearbeitet worden war. Ich war fasziniert.

Erfüllt von diesen Eindrücken, rollten wir zur weiteren Stadtführung wieder in den behindertengerechten Doppeldeckerbus. Vorbei am Fußballstadion, in dem Lionel Messi die Massen begeistert, danach über die belebte Straße „Las Ramblas" und den „Mercat de la Barceloneta", auf dem es die buntesten und leckersten Früchte gibt.

Am folgenden Tag stand unser großes Event auf dem Plan. Schon von weitem sah ich das riesige Plakat, auf dem in fetten Lettern geschrieben stand: „Internationale Ausstellung der

Mund- und Fußmalenden Künstler aus aller Welt e.V." Das Hintergrundmotiv stammte von mir: der „Park Guell". Diesen künstlerisch angelegten Park hat der berühmte spanische Künstler Gaudi kreiert, der auch der wesentliche Architekt der „Sagrada Familia" und weiterer atemberaubender Gebäude in Barcelona war.

Die Ausstellung fand in einem der großen Museen Barcelonas statt, dem „Museu Maritim", einem Schifffahrtsmuseum. Es war ein beeindruckendes Gemäuer mit vielen steinernen Säulen, die dem riesigen Raum einen kathedralenartigen Charakter gaben. Jetzt war er allerdings durch zahlreiche Stellwände unterteilt, an denen unsere Kunstwerke hingen. Obwohl der Saal an die hundert Meter lang und achtzig Meter breit war, von seiner gigantischen Höhe gar nicht zu sprechen, verursachten die vielen Besucher bereits ein ordentliches Gedränge. Trotz dieses nun ganz anderen Ambientes konnte ich mir lebhaft vorstellen, wie hier vor Jahrhunderten die alten, berühmten Segelschiffe gezimmert worden waren, die schließlich über alle Weltmeere schipperten.

Ich manövrierte mich mit meinem Rollstuhl durch die Menschenmenge und schaute mir dabei die Bilder der zahlreichen Künstler an. Mein Blick blieb an einem der Motive haften: ein Tiger. Das edle Tier von vorne, seine Schnauze herausragend aus grünblauem Wasser. Gleich gegenüber ein weiterer Tiger, diesmal in Lauerstellung. Und nicht in bunt leuchtender Acrylfarbe gemalt wie sein Artgenosse auf der anderen Stellwand, sondern in zartem lasierendem Aquarell mit sanften, warmen Tönen.

Ich musste an die Zeit in der Kunstakademie denken, als unsere Klasse einen Apfel auf einem Faltentuch malen musste. Der grüne Apfel thronte inmitten unserer Staffeleien, die wir um die saftige Frucht gruppiert hatten. Die Resultate der zwölf Schüler wurden drei Stunden später nebeneinander auf dem Boden platziert. Das Erstaunen war groß. Kein Bild glich dem anderen. Sichtweise, Duktus, Perspektive und Komposition waren grundverschieden. Kein Hintergrund und Lichteinfall sah dem des anderen ähnlich. Kein Farbton war derselbe. Kein Lichtpunkt dort gesetzt, wo auch der Nebenmann ihn gesehen hatte. Es schien, als hätte jeder von uns einen anderen Apfel, auf einem anderen Faltentuch, zu einer anderen Zeit, in einer anderen Umgebung gemalt. So wunderte es mich auch nicht, dass die Tiger nicht unterschiedlicher sein konnten.

Die Fahrt durch die langen Gänge der Ausstellung war spektakulär. Ich betrachtete Porträts, Aktmalereien, Landschaften, Stillleben, abstrakte Malereien oder Pop-Art-Bilder. Alle Bilder waren in zahlreichen Varianten, Techniken und Stilarten gemalt.

Ich sah Motive auf Holzplatten, Keilrahmen, Normal- oder Pergamentpapier. Einfach grundiert oder mit Spachtelmasse unterlegt, strahlten verschiedenste Farbarten ihre leuchtenden Pigmente in den Raum. Der eine Künstler bevorzugte das leichte, sanfte Aquarell, der andere die kräftig leuchtenden Öl- bzw. Acrylfarben. Mal lasierend, mal pastos aufgetragen. Vereinzelt sah man Werke, die mit Tusche, Wasserfarben, Pastellkreide oder Textmarker gearbeitet waren. Dem kreativen Treiben waren keine Grenzen gesetzt.

Ungeachtet dieser Vielzahl an Techniken, Malarten und Möglichkeiten, den Betrachter mit den Bildern in seinen Bann zu ziehen, erkannte ich den einen oder anderen Künstler an seinem Werk – am ganz speziellen Stil, an der Farbigkeit oder dem unverwechselbaren Pinselstrich. Wenn man sich ein bisschen damit beschäftigte, erkannte man auch, aus welcher Ecke der Welt der Künstler kam. Die Asiaten malten oft realistisch, absolut detailgetreu und mit einer Geduld, die mir oft fehlte. Während Europäer die schönen Ecken Europas malten, zauberten die Australier vermehrt die Weite und die doch ganz andere Tierwelt ihres Landes aufs Papier.

Der offizielle Teil der Veranstaltung begann: Der Präsident der VDMFK, Serge Maudet, selbst ein Rollstuhlfahrer und Künstler, hielt die Begrüßungsrede. Danach sprach ein offizieller Vertreter der Stadt Barcelonas, bevor der Kulturminister von Katalonien das Wort ergriff. Der Abend wurde lang, und wir alle waren uns einig, dass es eine würdige und wunderschöne Veranstaltung zum 60-jährigen Bestehen unserer Vereinigung gewesen war.

Tags darauf schlossen wir die Reise mit einer tollen Fahrt in eine der Weinregionen Kataloniens ab. Trotz der Anstrengungen, trotz der Schmerzen, war es mal wieder ein unvergessliches Erlebnis. Eine wunderbare Erfahrung, die ich nicht missen möchte.

Virtueller Tagebucheintrag: Der Rückflug war problemlos. Ganz ohne „Leck's-mi-am-Arsch-Tabletten" und Angstzustände. Sollte ich einen Pilotenschein machen?

26. Was wäre, wenn …?

Eric, mein damaliger Zivildienstleistender, kam die Treppe heruntergerannt. Komisch. Er war doch erst vor fünf Minuten in seine Mittagspause gegangen. Sein Gesicht war kreidebleich.

„Das Auto meiner Mutter! Das Auto meiner Mutter!", stammelte er verzweifelt.

„Was ist damit?", fragte ich.

„Es steht an der Wand!"

„Das ist doch gut", erwiderte ich, „heute kommt die Müllabfuhr. Da kann das Auto gar nicht nahe genug an der Wand stehen."

„Die Müllabfuhr ist mir gerade so was von egal", schrie Eric, „zwei Räder des Autos stehen auf der Straße. Die anderen zwei hängen in anderthalb Meter Höhe an der Mauer deiner Nachbarin!"

„Die anderen zwei Räder?", fragte ich überrascht.

„Ja! Die anderen scheiß zwei Räder", wiederholte er verzweifelt.

„Wie bringt man denn so etwas fertig?", grübelte ich. In meiner Jugend gab es Kinofilme über einen gelben VW Käfer namens Dudu. Der konnte so etwas ... mit seinen Rädern die Mauern hochfahren, schwimmen, fliegen und andere Kunststückchen machen. Das Auto von Erics Mama war aber weder gelb noch ein VW-Käfer. Dafür ein nagelneuer VW Golf Cabrio, der gut und gerne das Dreifache eines Käfers kostete.

„Wie hast'n das hinbekommen?", fragte ich kopfschüttelnd.

„Wenn ich das wüsste", antwortete Eric. „Ich habe das Auto gestartet, bin langsam losgefahren und habe nebenher meinen Sicherheitsgurt angelegt. Dabei muss ich wohl das Lenkrad ein bisschen zu sehr in Richtung Mauer gedreht haben, sodass sich die Reifen an dem rauen Gestein hochgezogen haben. Ein lautes Krachen, und ich habe schräg im Auto gesessen. Mein Oberkörper gegen die Fahrertür und mein Gesicht gegen die Seitenscheibe gepresst. Ich konnte weder die Fahrertür öffnen, die gegen den Straßenbelag schlug, noch bin ich an die Beifahrertür gekommen! Und als ob das nicht schon genug gewesen wäre, kamen noch zwei ältere Herren mit ihren Rollatoren die Straße entlang, die sich zu mir nach unten beugten und lachend gerufen haben: „Respekt junger Mann. Das muss man erst Mal hinbekommen!"

Als ich wenig später mit Eric auf der Straße stand, musste ich den Herren Recht geben: Das war ein Meisterwerk der Einparkkunst. Der Anblick des Autos versetzte mich kurz zurück in meine Vergangenheit: Als „Dreikäsehoch" hatte ich mit den Nachbarsjungen immer „Zehnerle-Werfen" gespielt. Gewonnen hatte der, der sein 10-Pfennigstück am nächsten an die Hauswand warf. Und wenn das 10-Pfennigstück halb an der Hauswand lehnte, war einem der Sieg praktisch sicher.

Eric allerdings hatte mit dieser Aktion nichts gewonnen – sie dürfte ihn eher so einige Zehnerle gekostet haben.

Seine Mutter reagierte später relativ gelassen, als sie am Telefon erfuhr, was ihr Sohn fabriziert hatte – und dass er beim Versuch, das Auto sanft wieder auf vier Räder zu stellen, die Beifahrerseite ihres Autos komplett zerstört hatte: Mit einem lauten „Wuuusch!" krachte das Fahrzeug die anderthalb Meter auf den Boden und hinterließ auf dem Lack der Beifahrerseite eine nicht zu übersehende Orgie an Kratzern. Der neue VW Golf Cabrio musste in die Werkstatt und bescherte Erics Mutter eine saftige Rechnung.

Als sein freiwilliger Dienst zu Ende war, kaufte sich Eric ein Motorrad. Am Tag seines Unfalls hatte er mich noch besucht. Wenige Stunden später wurde er ins Krankenhaus eingeliefert. Ein Mann ohne Führerschein hatte ihn übersehen und angefahren. Komplizierte Knochenbrüche, innere Verletzungen und insgesamt dreißig Operationen waren das Resultat.

Viele Zivildienstleistende später: Ich hatte in diesem Frühling drei Bewerbungen auf dem Tisch liegen. Heute sollte sich der letzte der drei Freiwilligen bei mir vorstellen. Es klingelte. Ich öffnete. Vor mir stand ein Junge mit verschmitztem Lächeln und neben ihm ein hübsches Mädchen.

„Hallo ich bin Max. Und das ist Kim, eine gute Bekannte von mir. Sie hat mich gefahren, weil ich noch keinen Führerschein habe", stellte er sich freundlich vor.

Eigentlich mochte ich es nicht, wenn andere Leute bei den Vorstellungsgesprächen dabei waren, da Dinge und Aufgabengebiete angesprochen wurden, die niemand anderen etwas angingen. Trotzdem beschwerte ich mich nicht und war nach dem Gespräch von Max' Art und Freundlichkeit begeistert. Da er sich über das Internet beworben hatte, kannte ich bisher nur seine Mailadresse, aber nicht seine Anschrift.

„Max, schreib mir doch bitte noch deine Adresse und Telefonnummer auf einen Zettel", bat ich ihn am Ende des Gesprächs.

Die Zusage, dass er gerne seinen freiwilligen Dienst bei mir machen würde, lag zwei Tage später bei mir im Postfach. Jetzt musste ich mich entscheiden. Ich hatte drei Zusagen, doch nur zwei freie Stellen. Alle drei Bewerber waren nett. Frederic, Julian und eben Max.

Meine Wahl fiel schließlich auf Julian und Max. Ich ließ mir den Zettel, den Max geschrieben hatte, geben. Seine Adresse war ungewöhnlich, wie ich fand: Max Müller, Haus Friedvoll, Gruppe 3.

Ich recherchierte im Internet. Schon auf der ersten Seite landete ich einen Volltreffer. Haus Friedvoll, eine Einrichtung für schwer erziehbare Jugendliche. Das ist wahrlich ein Volltreffer, dachte ich. Max hatte das mit keinem Wort erwähnt. Ein Foto von Kim, der „guten Bekannten", erschien auf der Homepage. Sie war als eine der vier Betreuerinnen der Einrichtung aufgelistet.

Was sollte ich machen? Der Junge war nett und sympathisch gewesen. Aber gleich diese Unterschlagung am Anfang? Ein schwer Erziehbarer! Würde er mir die Bude auseinandernehmen? Mit Drogen dealen? Oder mir bei der bestnächsten Gelegenheit den Hals umdrehen? Sollte ich auf mein Bauchgefühl oder mein Hirn hören?

Ich entschied mich für Ersteres und stellte Max ein. Auf die Frage, warum er mir nichts von dem Heim, und seinen Lebensumständen erzählt hatte, sagte er: „Ich hatte einfach Angst, dass du mich gleich in eine Schublade steckst und mich deshalb nicht nimmst."

Bald schon stellte sich heraus, dass Kim die große Liebe von Max war. Er, der schwer Erziehbare. Sie die Betreuerin. Jetzt, wo er freiwilliger Helfer bei mir war, stand ihrer großen Liebe nichts mehr im Weg. Sie wurden ein Paar.

Ich habe meine Entscheidung übrigens nie bereut. Es war ein gutes Jahr mit Max. Eine tolle Zeit. Nach dem freiwilligen Dienst zog Max mit Kim zusammen. Schon bald darauf wurden die beiden Eltern.

Max liebte die Natur. Das Herumstreunen in den Wäldern. So lag es nahe, dass er den Beruf des Forstwirts erlernte. Baumsetzlinge einpflanzen, den Holzbestand im Wald erhalten und pflegen, Bäume beschneiden: Es war sein Traumberuf.

Nach einem starken Wintersturm begutachteten Max und seine Kollegen den Schaden, zersägten die umgeknickten Bäume mit der Motorsäge und schichteten die nun meterlangen Holzstücke zu großen Stapeln auf. In einem unachtsamen Moment schlug ein verkanteter Ast wie eine Peitsche gegen Max Kopf. Er überlebte schwer verletzt. Wochenlanges Koma, zahlreiche Operationen und dunkle Momente waren die Folge dieses Unfalls.

Eric und Max. Zunächst zwei freiwillige Helfer, die in diesem Jahr zu Freunden wurden. Zwei Menschen, die mir ein ganzes Jahr mit Engagement und Selbstlosigkeit geholfen haben. Warum musste es immer wieder diese Schicksalsschläge geben? In dieser Zeit habe ich mir öfter wieder die Warum-Frage gestellt. Wie auch Jahre zuvor bekam ich keine Antwort darauf. Außer, dass ich, dass wir kein anderes Leben haben und dieses leben müssen. Das Resultat meiner vielen schlaflosen Nächte: Achtsamkeit im Augenblick – Gottvertrauen – Hoffnung – Loslassen. So schwer es manchmal auch ist.

Es ist müßig, darüber nachzudenken, was ohne unsere Unfälle aus Max, Eric oder mir geworden wäre. Millionär oder Bettelmann? Man weiß es nicht. Im Laufe der Jahre hatte ich so viele verunglückte und im Rollstuhl sitzende Menschen kennengelernt, deren Leben eine ganz neue, unvorhersehbare Richtung genommen hatte. In manchen Fällen abrupt und schmerzhaft. Doch auch im Kleinen und nicht so Offensichtlichen klickte unerbittlich die Justierung des Lebens.

Laufe ich die Straße nach links oder rechts? Gehe ich ins Kino oder zum Einkaufen? Oder beides? Wenn ja, in welcher Reihenfolge? Triffst du vielleicht auf der linken Straßenseite einen alten Schulfreund? Begegnest du möglicherweise auf der rechten Seite der Straße deiner großen Liebe, oder dem Menschen, mit dem du die nächsten vierzig Jahre unglücklich zusammenleben wirst? Das Leben wandelt sich von einem Moment auf den anderen. Faszinierend, berauschend, fantasievoll, grausam, erschreckend und liebevoll. In all seinen Facetten.

Sie hieß Maria-Cristina. Ich saß damals schon zwei Jahre im Rollstuhl. Sie war gerade frisch verletzt. Wir beide waren auf Station West IV. in der Rehaklinik in Tübingen. Ein 18-jähriges Mädchen, das gerade ihr Abitur in der Tasche hatte und wenig später mit ihren Eltern den Urlaub auf Kreta verbrachte. Der Swimmingpool im Hotel war nur zur Hälfte gefüllt. Der Sprung mit dem Kopf voraus ins kühle Nass veränderte die Richtung ihres Lebens schlagartig. Ihr Vater, ein Arzt, beatmete seine Tochter, bis der Notarzt kam. Das Flugzeug der Rettungsflugwacht mit Sanitäter und Notfallarzt brachte ein 18-jähriges Mädchen, vom Hals ab querschnittsgelähmt und seitdem angewiesen auf ein Beatmungsgerät, zurück nach Deutschland.

Oder Faraj, ein junger Kurde aus dem Libanon, der aus dem Bürgerkrieg nach Deutschland floh. Auch er gab seinem Leben durch einen Sprung in zu flaches Wasser eine andere Wendung. In einem Krankenhaus nahe Kassel waren wir Bettnachbarn. Er haderte, genau wie ich vor Jahren, mit seinem Schicksal. Noch nicht bereit dieses neue, so andere Leben anzunehmen.

Oder Oleg, ein Deutschrusse, der jahrelang in einer kleinen Wohnung im sechsten Stock irgendwo in Sibirien gehaust hatte. Ohne Rollstuhl, ohne Hilfsmittel und medizinische Versorgung. Er war vom Rumpf abwärts gelähmt. Tagsüber musste seine Frau arbeiten. Hatte er Hunger, zog er sich mit seinen Armen vom Schlafzimmer über den Gang in die Küche, um sich an einer Strickleiter am Herd hochzuziehen, wo er sein Essen aufwärmte. Danach schleifte er sich, seine gelähmten Beine hinter sich herziehend, ins Bett zurück. Tag ein, Tag aus.

Würde man diese drei Geschichten einfach so stehenlassen, man wäre in seinem Eindruck bestätigt, dass so ein Schicksalsschlag einen Menschen bricht und nicht wieder „aufstehen" lässt. Was ist also aus den Dreien geworden?

Maria-Cristina studierte schon bald nach der Rehabilitation Französisch und Geschichte in Stuttgart. Sie engagiert sich heute für Menschen in schwierigen Lebenslagen und steht, oder besser gesagt, sitzt in letzter Zeit auf deutschen und internationalen Bühnen mit ihrem Ein-Frau-Stück „Qualitätskontrolle". Ein Stück über ihr Leben, das 2016 in der Hörspielversion den Deutschen Hörbuchpreis erhalten hat.

Faraj schöpfte schon wenig später neue Hoffnung, als er sah, wie andere Betroffene mit ihrem Schicksal umgingen. Das Lichtlein „Weiterleben wollen" ergriff ihn. Und dies mit voller Kraft und Energie. Nicht nur, dass er den Hauptschulabschluss nachholte, nein, die mittlere Reife und das Abitur folgten. Danach studierte er Soziologie bzw. Pädagogik und schloss mit einem Doktortitel ab. Heute ist er Dozent und wissenschaftlicher Mitarbeiter an der Universität Bielefeld. Mehrfach ausgezeichnet.

Und Oleg? Oleg kam schließlich über viele Umwege nach Deutschland. Vor vielen Jahren war auch er ein Zimmerkollege von mir gewesen. Er lachte, machte Späße und war der Fröhlichste von uns allen. Als ein Sanitätsfachhändler seinen ersten neuen Rollstuhl ins Zimmer schob, jubelte und strahlte Oleg, als ob er gerade den Jackpot von dreihundert Millionen Euro geknackt hätte. Stolz schlug er sich auf die Brust und rief über beide Backen grinsend: „MEIN EIGENER ROLLSTUHL!"

Und was wurde aus meinen freiwilligen Helfern Eric und Max? Eric, mein „Einparkkünstler", ist seit vielen Jahren glücklich verheiratet und seit kurzer Zeit Papa. Durch den Unfall sind auch seine Knie schwer beschädigt worden, was ihn aber nicht daran hindert, Sportarten auszuüben, die seinem Orthopäden graue Haare wachsen lassen.

Max konnte seinen Beruf leider nie mehr ausüben. Unter der Woche lebt er heute in einer alternativen Gemeinschaft und arbeitet dort als Schmied.

Virtueller Tagebucheintrag: Alles wird gut?

27. Lucky Luke springt

Ich sitze jetzt seit sechsundzwanzig Jahren im Rollstuhl. Und schüttle den Kopf, wenn ich darüber nachdenke, dass ich länger im Rolli sitze, als laufend durch die Welt spaziert zu sein. Ich erinnere mich gerade an einen kleinen Reim von meiner Mama, der da ganz gut passt:

> *Sage nie: „Das kann ich nicht!"*
> *Vieles kannst du, will's die Pflicht.*
> *Alles kannst du, will's die Liebe.*
> *Darum dich im Schwersten übe.*
> *Schweres fordert Lieb und Pflicht,*
> *drum sage nie: „Das kann ich nicht!"*

Mein Leben im Rollstuhl ist für mich Normalität geworden. Die täglichen Schmerzen nicht. Doch alles in allem bin ich ein zufriedener Mensch. Manchmal sogar zufriedener als vor dem Unfall. Es ist wirklich so. Viel Neues ist dazugekommen. Vieles hat sich verändert. Doch eines ist geblieben – und irgendwie auch nicht. Manche Leute drehen sich immer noch um, wenn sie mich in meinem mundgesteuerten Rollstuhl durch die Gegend fahren sehen. Nur ich, ich bemerke ihre Blicke nicht mehr. Auch sie sind Normalität für mich geworden. Heute denke ich: „Bei dem gut aussehenden Rollstuhlfahrer würde ich auch verwundert stehen bleiben." Und wenn sich mal einer nicht umdreht, frage ich mich spaßeshalber: „Hat der etwa keinen Geschmack?"

Damals jedoch war ich verunsichert, traurig und fühlte mich in meinem Körper wie ein Gefangener, der nicht in diese Zelle gehörte. Und das ist ja auch so. Aber meine Gedanken im „Hier und Jetzt" sind frei. Sie können den Zellenschlüssel ergreifen und die Türe öffnen. Immer wieder, für eine kurze Zeit. Morgens, wenn ich nach dem Duschen nackig in den Spiegel schaue, denke ich: „An irgendjemanden erinnert mich dieser Körperbau. Den habe ich mal in einem Hollywoodfilm gesehen. Alle Frauen liebten ihn. Dünne Arme. Hühnerbrust. Dicker Bauch." Und dann fällt es mir wieder ein: E.T. – der Außerirdische!

Manchmal fühlte ich mich in meinem Leben auch so allein auf Erden wie dieser kleine Kerl. Doch da war auch immer diese innere Stärke, die ihre unsichtbare Hand auf meine Schulter legte, wenn ich einsam und traurig im sterilen weißen Krankenzimmer lag, oder in einem russischen Panzer saß, der vor einer kleinen Pension in Murnau stand und ich um mein Leben schrie. Dafür bin ich dankbar. In meinem Herzen spüren zu dürfen, dass ich nicht alleine bin in diesem großen Ganzen, in das wir als Mensch geworfen werden, und nicht wissen, was unsere kleine Seele hier denn macht.

Tief in meinem Herzen bin ich mir sicher, dass eines Tages alles ganz, alles gut wird. Ich kann nur ahnen, dass all diese

Situationen, seien sie noch so schrecklich, mich auf meinem Weg etwas lehren wollen. Ich bin froh, dass ich damals, im Zustand akuter Verzweiflung, den Gang ins Wasser nicht gewagt habe. Lucky Luke hätte viel verpasst. Ich habe stattdessen eine andere Art von Sprung ins kalte Wasser gewagt: einen Sprung in ein neues Leben!